丛书编委会

大家精要

威廉姆斯

陈德中 著

陕西师范大学出版总社

Williams

图书代号 SK17N0215

图书在版编目（CIP）数据

威廉姆斯/陈德中著. —西安：陕西师范大学出版总社
有限公司，2017.5（2024.1重印）
（大家精要）
ISBN 978-7-5613-9059-7

Ⅰ.①威…　Ⅱ.①陈…　Ⅲ.①威廉姆斯（Bernard Arthur
Owen Williams 1929—2003）—传记　Ⅳ.①B561.59

中国版本图书馆CIP数据核字（2017）第091670号

威廉姆斯　WEILIANMUSI

陈德中　著

责任编辑	宋媛媛	
责任校对	彭　燕	
封面设计	张潇伊	
出版发行	陕西师范大学出版总社	
	（西安市长安南路199号　邮编710062）	
网　　址	http://www.snupg.com	
印　　制	永清县晔盛亚胶印有限公司	
开　　本	650 mm×930 mm　1/16	
印　　张	10	
字　　数	100千	
版　　次	2017年5月第1版	
印　　次	2024年1月第2次印刷	
书　　号	ISBN 978-7-5613-9059-7	
定　　价	45.00元	

读者购书、书店添货或发现印刷装订问题，请与本公司销售部联系、调换。

电话：（029）85303879　　传真：（029）85307864　85303629

目　录

第1章

生平、著述与理论主线

生平与著述

伯纳德·阿瑟·欧文·威廉姆斯（Bernard Arthur Owen Williams，1929~2003）是20世纪后半叶英语世界最有影响的道德哲学家。其一生出版有十几种作品，这些作品旨在重新将历史与文化、政治与心理及古代希腊人的眼光引入道德哲学研究。威廉姆斯以对当代道德哲学的这种坚持不懈的重新定位而著称。当代人从他的这种努力中正源源不断地获取着新灵感，对于威廉姆斯的研究因而也就在他去世之后变得更加密集和富有成果。

威廉姆斯于1929年9月21日出生于伦敦东北部艾塞克斯郡一个名叫滨海西崖的海边小镇。他在家乡的齐格威尔学校上完中学，在那里接受了从古典语言学到现代科学的各种基础知识教育，随后就去了牛津学习古典学。齐格威尔中学是一个著名的文法学校。这种学校以学习和传授古希腊的经典为主要宗旨，在20世纪的第二次世界大战以前，这种教育模式一直都是英国教育的一个传统模式。这种模式在二战以后，随着现代教育的发展就基本消亡了。所以大概可以说，威廉姆斯能够接受这样的古典教育颇为偶然，他是赶上了古典教育的末班车。这得益于他上学时这个中学学校的校长。这个校长是牛津毕业的，他以牛津的古典学传统为自豪，并且以为牛津输送古典学人才为己任。不出意外地，威廉姆斯中学毕业后就选择了牛津。牛津大学课程丰富，既有语言和文学，也有历史和哲学。威廉姆斯觉得这样丰富的课程非常适合他对知识的追求，尤其是在古典学之外还可以接触到哲学。正是基于这样的训练背景，威廉姆斯日后成为一名对古典学颇有研究的哲学家。

二十世纪四五十年代的牛津正是英国哲学和世界哲学的中心。第二次世界大战使得作为逻辑实证主义重心的维也纳小组主要成员几乎全都流向了英国和美国。在威廉姆斯进入牛津学习的那个时期，牛津拥有五十多位哲学家，超过了英国所有职业哲学家数量的四分之一。而且其声名与创造性也是首屈一指的。我们现在所津津乐道的 20 世纪语言哲学，也即我们常说的 20 世纪分析哲学的主要干将在这时几乎全部都会聚在这里。那个时候，艾耶尔的逻辑实证主义观点尽管已经开始受到反驳，但它对哲学古老问题所采取的蔑视态度依然很流行。维特根斯坦晚期哲学正处于成熟时期，其手稿被到处传抄，广为流传；J. L. 奥斯汀的日常语言哲学刚赢得一大批非常忠实的追随者；早在第二次世界大战之前，吉尔伯特·赖尔就已经是推动语言哲学转向的核心人物，到了 20 世纪 50 年代赖尔出版了《心的概念》，该书的反笛卡儿立场得到了人们的热烈讨论；随后，彼特·斯特劳森也开始在哲学舞台上崭露头角。当然，不用说，尽管已经年迈，但是作为半个世纪以来英国哲学引路人的罗素仍然在世，并且仍然以各种不同的方式影响着英国哲学的发展。

一开始，威廉姆斯为牛津分析哲学的承诺所激动。分析哲学对于哲学中的形而上学有着特别的拆解雄心。他曾经回忆说："当你拆解这些哲学问题时，你会发现，许多传统哲学问题还没有解决就已经消失了。这一承诺激动人心，的确有人说过，不出五十年，所有的哲学问题都将终结。"但是分析哲学反历史的倾向和对于机巧的推崇让威廉姆斯很快警觉。他意识到，在做哲学的时候，机巧是必要的，但是单有机巧是远远不够的。这个时候，他反而非常赞赏其指导教师赖尔的观点，对于任何主义和流派都要保持警惕。威廉姆斯从赖尔那里学到了不少东西，赖尔的开放态度让他认识到，有着很多种的哲学问题，也有着很多种的对于哲学问题的论证方法，至于你怎么称呼这种哲学，这并不是问题。执着于一种固定的分类注定会误导人。他后来在一篇文章中曾经回忆到其导师的一段经历，用以提醒自己防止这种简单化倾向。这篇文章提到赖尔有一次去德国讲学，在演讲完成后，观众席的后排站起来了一位年轻人，这位年轻人对赖尔说："赖尔先生，您今天讲的一切我都非常赞成。可是我已经是一名康德主义者了。"很显然，赖尔之所以给他的学生们提到这个经历，他是想回答说：那又有什么关系呢？

威廉姆斯的机敏给予他当时的老师以非常深刻的印象。有老师就回忆说，威廉姆斯在听你讲话时，你的话还没有结束，他就已经把握到你的全部要点了。而且他甚至还已经为你的各种可能回答准备了可能的回应。这也就难怪，1951年，威廉姆斯是以"祝贺性的一等荣誉学位"的殊荣而毕业的。据说在他的文科硕士学位论文答辩时，在场的答辩委员不但没有提出任何疑问，相反，倒给了他起立鼓掌的殊荣。也正是在这样的背景熏陶中，威廉姆斯开始对哲学产生浓厚的兴趣。

威廉姆斯在毕业后不久，就响应号召参加了英国皇家空军，前往加拿大进行飞行训练。他花了整整一年时间练习驾驶喷火式战斗机，很快就具备了异常精湛的驾驶技术。在一年服务期满后，他获得了众灵学院授予他的一份奖学金，成为那个学院的临时研究员，在那里一直待到1954年。1955年，威廉姆斯与雪莉·布里顿-卡特林（Shirley Brittain-Catlin）结婚。他们二人早在牛津读书期间就已经认识。威廉姆斯在北美参加飞行训练时，雪莉正在哥伦比亚大学读研究生。威廉姆斯利用假期与雪莉在纽约见面。经过几年的交往，他们从相互欣赏的朋友发展成恋人。结婚后，雪莉成为《金融时报》的一名记者，而威廉姆斯则成为牛津新学院的一名研究员。在1958年至1959年期间，威廉姆斯应邀在加纳大学担任了一年的访问讲师。回国之后，为了满足自己妻子的政治抱负（雪莉曾是英国工党内部的一名活跃分子），他离开牛津来到伦敦，先是在伦敦大学学院担任讲师，从1964年开始，他成为伦敦大学贝德福德学院的哲学教授。

在这期间，威廉姆斯抛弃了"哲学家可能会迅速地使自己变得多余"的这种流行说法（对于哲学的这种消极看法曾经促使以赛亚·伯林在二战之后放弃哲学，转而着手思想史研究），决定潜心研究为牛津日常语言学派的哲学家们所忽视的领域。1962年，他写下了《平等的观念》这篇颇有影响的文章，在这篇文章中，这位工党成员用"其他政策都是不合理的"为论据对一种平等主义的财富分配观点提出论证。这篇文章促发了西方知识界有关社会公平问题的思考与讨论，威廉姆斯以自己的工作为政治哲学在20世纪60年代的复兴作出了引导性贡献。沃尔泽称《平等的观念》这篇论文"是我自己思考分配正义的起始点之一"。十多年之后，诺齐克在其著作《无政府、国家与乌托邦》中，称由威廉姆斯在这篇文章中提出的论证是"一种近年来最受哲学家们注意的论据"。在"个人同一性"这个现在已为大家广泛关注的哲学问题上，威廉姆斯也贡献出了属于自己的开创性研究。

1967年，威廉姆斯38岁的那一年，他离开伦敦大学，成为剑桥大学奈特布里奇哲学讲席教授和国王学院的研究员。其第一部著作《道德：伦理学导论》于1972年出版。当时的英国哲学界沉迷于元伦理学问题，热衷于追问"道德判断的本质是什么""能够有道德知识吗"这样的问题，而对堕胎、饥荒、女性主义这些已经变得很现实的伦理问题毫不关心。在谈到他的这本书时，他说："我拒绝这种讨论道德的方式，好像道德完全是一种抽象的东西似的。那种讨论问题的方式令人厌烦、毫无意义！写这本书也让我意识到，我讨厌功利主义。我曾经有着很虔敬的功利主义观点，但我逐渐认识到后果主义的推理只能把你不断引向错误的方向。"

威廉姆斯与雪莉后来产生了裂痕。威廉姆斯是一个坚定的无神论者，而他的妻子则是一个虔诚的天主教徒。1974年，威廉姆斯在与雪莉离婚后与帕特里夏·斯金纳结婚。帕特里夏·斯金纳是剑桥大学出版社的哲学编辑，之前曾是剑桥大学政治理论家和历史学家昆廷·斯金纳的妻子。1979年，威廉姆斯被推举为不需要承担教学任务的国王学院院长，直到1987年最终离开剑桥大学为止。

早在20世纪70年代，威廉姆斯与伯林就已经结为朋友。二人对于价值多元主义有着共同的信念，并且也曾经共同撰文反驳和澄清对于价值多元主义的种种误解。以赛亚·伯林自己曾经是牛津哲学的圈内人物。伯林后来回忆说："后来逐渐被称为'牛津哲学'的那种哲学倾向主要产生于一小群年轻的牛津哲学家的每周一次的讨论。"大约在 1937 年春到 1939 年夏之间，在奥斯汀的提议下，艾耶尔、伯林、汉普什尔、奥斯汀、唐纳德·麦克纳布（D. Macnabb）、伍兹利（A. D. Woozley）和唐纳德·麦金农（D. MacKinnon）七人，每周四晚饭后便在以赛亚·伯林在全灵学院的住处进行讨论。奥斯汀一直是这个讨论班的灵魂人物，而以赛亚·伯林则和此前几个年头一样，一直在扮演着哲学上的调解人的角色。除了这个小范围的讨论，伯林还多次与奥斯汀一起为学生开设语言哲学讨论课程。

伯林后来宣称退出哲学，转而专心从事观念史研究。真正促使伯林发生转向的是他对分析哲学缺陷的反省。他在二战后期与后来成为哈佛大学教授的 H. M. 舍菲尔（H. M. Sheffer）有过一席谈话。舍菲尔是一位著名的数理逻辑学家，当时伯林正在为英国驻华盛顿大使馆工作。舍菲尔告诉伯林说，在他看来，只有两种哲学能够指望有着知识上的持续积累（自逻辑实证主义兴起以来，知识的可积累性已经成为知识界普遍认可的一种学术理想，学术研究缺乏进步被认为是传统哲学的重大缺陷）。一种是逻辑。在这一学科内，新发现和新技术不断取代旧有学说，这里存在着与自然科学和数学一样的真正的知识进步。另外一门学科就是心理学，这是一种经验的研究，很显然，它也是可以稳步积累性地得到发展的。"当然，哲学史也是有积累的，但是哲学史并不是哲学本身的一个部分；至于逻辑和心理学，它们之不同于哲学的，正是知识进步和知识积累这一观念。"舍菲尔还判断说："至于认识论研究，或伦理学研究，没有意义；这不是上述意义上的那种研究。"尽管伯林并不完全同意舍菲尔的话，但是舍菲尔的基本看法还是给伯林留下了深刻印象。伯林一直也在为分析哲学背景下哲学的身份和哲学的生存前景问题感到困扰。他反复思考舍菲尔的说法："我逐渐认定，应该选择一个有望在生命结束时比在其开始时知道得要多的领域。所以我就离开了哲学领域，进入了观念史领域；多年来，这个领域一直吸引着我的兴趣。"

威廉姆斯后来认为伯林提出的退出了哲学，转而从事观念史研究的说法并不准确。相反，是哲学本身出了问题，我们现在需要一种有历史的哲学。而"哲学需要历史"和"有历史的哲学"的主张，同样也是威廉姆斯对于当代哲学进行反思后给出的一个有贡献的主张。威廉姆斯还为伯林的《概念与范畴》一书作序，极力推荐伯林这本早年论文集的出版。

从 20 世纪 80 年代中期开始，威廉姆斯就经常前往美国授课。早在 1986 年春季学期，他就已经应邀担任加利福尼亚大学伯克利分校哲学系的密尔斯讲席访问教授，并于 1986 年 7 月 1 日正式加入伯克利哲学系。1988 年 1 月 1 日，他被任命为梦露·多伊奇讲席教授。在 1989 年春季学期期间，他还担任该校古典学系的萨瑟尔讲席教授，并在这个讲席的赞助下进行了系列演讲，该演讲后来以《羞耻与必然性》为题出版。萨瑟尔讲席被视若古典学中的诺贝尔奖。当时的古典学系主任 A. A. 朗曾经盛赞："我们伯克利的古典学家再也找不出一位能像威廉姆斯那样对古典文学充满着富有感染力的热情的古典学家了。"

也正是在美国停留这段时期，威廉姆斯接触了美国的政治生活和政治理论与法学理论。这段经历给了他非常特殊的印象，也让他开始对于政治生活和政治理论有了更多的特别看法。首先，作为一个外来者，威廉姆斯感觉到自己成了一种政治生活的旁观者。这种政治生活就在你身边发生着，但是它与你没有任何关系。这也促使他后来再次返回英国。尽管他曾经因为自己的政治立场而对以撒切尔夫人为代表的保守主义表示不满，但是他也认识到，政治生活是一种特殊形式的生活，局外人与事中人是完全不同的两种经验。其次，他在美国的阅读与写作讨论，以及他与美国学者的接触让他越来越强烈地意识到，美国的政治理论中充满着一种二元张力。威廉姆斯称其为一种"摩门教式的"张力。他发现在美国的政治学系，人们的核心概念是权力以及权力的运行，而在美国的法律学界，则充满了道德词汇以及道德的考量。一方面是对赤裸裸的现实政治的关注与研究，另一方面则是对社会规则产生的来源所作出的羞答答的道德阐释。这样的经历促使他转向对政治哲学的关注，并且最终促成了他《政治中的现实主义与道德主义》等文章的出现。他自己也多次私下声称要转向政治哲学的研究。

1990 年，威廉姆斯返回英国，并在 1991 年接任他以前的导师里查德·黑尔（Richard Hare）的牛津大学怀特道德哲学讲席教授职位，直到他 1996 年从这个职位退休。退休之后，牛津众灵学院再次邀请他成为该学院的研究员。在这期间，他每年都会在牛津与当时来讲学的美国著名法哲学家德沃金共同开设讨论班。讨论班的主题是法哲学与政治哲学，尤其是道德在法律中的位置与作用的问题。他们二人的分歧在其后来纪念伯林去世的一次座谈会上的发言中可窥一斑。而作为伯克利的终身教授，威廉姆斯仍然继续与美国学术界保持着联系，他经常在那里授课，并在那里结交了很多密友。2003 年 6 月 10 日，他在罗马的短期度假期间，因心脏病发作而去世，享年 74 岁。

威廉姆斯生前出版了多部著作和论文集，并与他人一起合作编辑出版了多部专题性质的论文集。1972 年，他出版了《道德：伦理学导论》一书，这是一本介绍性的著作。1973 年，他的《自我问题》一书出版，该书收集了他在 1956 年至 1972 年期间所写的哲学论文，主要探究了一系列与"自我"有关的形而上学问题及其伦理含义。其中也包括当时已经影响范围颇为广泛的《平等的观念》一文。同年，他与斯马特合写的《功利主义：赞成与反对》出版，威廉姆斯在"功利主义批判"这部分对于功利主义的完备性和有效性提出了质疑，认为功利主义在这些问题上远没有给出充分合理的回答。1978 年，威廉姆斯出版了《笛卡儿：纯粹探究计划》一书，该书是他在认识论领域所作出的一项最为坚实的工作，其中有关绝对客观知识可能性的观点成为影响威廉姆斯相关研究的重要主张。

1981 年的《道德运气》一书收入了他在 1973 年至 1980 年期间所写的哲学论文。其中的《道德运气》和《内在理由与外在理由》等文章所提出的主张，在当时已经广泛影响了伦理学问题的讨论，并且迅速成为最近几十年来伦理学研究的经典文献。他于 1985 年所出版的《伦理学与哲学的限度》一书，就自己对伦理学和人类生活的看法提出了系统和统一的阐述，并对作为"一种奇特体制"的康德伦理学提出了全面批评。该书成为威廉姆斯的一部代表作品。1993 年，他此前在加利福尼亚大学伯克利分校的萨瑟尔讲席的系列演讲以《羞耻与必然性》为题出版。这是一部研究古希腊伦理学的论著，他在书中提出了这样一个论点：我内心深处的伦理信念往往更像古希腊的伦理思想，而不那么像后启蒙运动的"道德体系"。1995 年，论文集《理解人性》出版。这部文集对道德心理学和伦理知识的本质提出了深入思考，并且在其第二部分提出了以自然主义的方式和心理学的方法来展开伦理学讨论的可能性。2002 年，《真与真实》一书出版。在这本书中，威廉姆斯提出，任何人类社会都不可避免地把真理和真实性接受为有价值的东西，把诚实和准确接受为美德。威廉姆斯还在本书中传达了这样一个观点：即便在政治生活中真理难辨，我们仍然追求一种真实感。威廉姆斯去世后，普林斯顿大学于 2005 年和 2006 年连续出版了威廉姆斯三本哲学论文集：《泰初有为》《既往的意义》和《作为一门人文学科的哲学》。另外，耶鲁大学出版社还在 2006 年出版了他的《论歌剧》一书。

除了其个人著作外，他还于 1966 年与蒙蒂菲奥里（A. C. Montefiore）合作编辑出版了《英国分析哲学》，于 1982 年与阿玛蒂亚森合作编辑出版了《功利主义及其超越》。威廉姆斯一生著作勤奋，前后有一百六十余篇的哲学论文、七十余篇的书评、二十余篇报刊文章发表。另外，威廉姆斯还参与或主笔了他所服务的公共机构起草的调查报告五部。

他在英国国家歌剧院理事会任职长达二十年之久，并一度担任该歌剧院的艺术指导。在 1965 年到 1970 年期间，他是英国公立学校委员会的成员；从 1976 年到 1978 年期间，他是皇家赌博问题委员会的成员；从 1977 年到 1979 年，他是淫秽作品和电影审查问题委员会的主席。他曾戏称他所参与的这些社会组织都是"与主要的恶习——赌博、药物、淫秽作品和公立学校——打交道的"。在他担任淫秽作品和电影审查问题委员会主席期间，他将密尔的"伤害原则"应用于这一问题的解决，认为"没有任何行为应该受到法律的压制，除非人们能够合理地断定它对某个人造成了伤害"；他也在调查报告里陈述了他的调查发现，即性犯罪和色情文学之间的联系并没有得到有效证据的证明。在以他的名义提交的一份报告中，他这样写道："色情文学在影响社会中的作用不是很重大……认为它很重大就是不合理地用这个问题来掩盖我们的社会今天所面临的很多其他问题。"在任教于伯克利期间，他曾担当过各种代表机构的成员，积极地参与了很多跨学科的讨论组和讨论会，如与电影、法律和人权这种题材有关的讨论组和讨论会。在他返回英国后，他曾服务于工党社会正义委员会，并且参与了对药物滥用行为的独立调查。

威廉姆斯的学术成就和地位得到了举世瞩目的承认。除了担任各种正式讲席职位外，他还曾经担任普林斯顿大学、哈佛大学等大学的访问教授。他于 1971 年被选为英国研究院（British Academy）院士，1983 年被选为美国人文与科学研究院（American Academy of Arts and Sciences）外籍院士，并在 1999年因为在哲学上的重大贡献而被英国王室授予爵士称号。此外，他还获得了爱尔兰都柏林大学、苏格兰阿伯丁大学、剑桥大学、哈佛大学、耶鲁大学以及芝加哥大学的荣誉博士学位。

威廉姆斯的哲学成就早在 20 世纪 70 年代就受到了哲学家们的关注。努斯鲍姆回忆说："20 世纪 70 年代，一系列令人眼花缭乱的演讲和介入行动，一系列关于道德和个人身份认同的卓越论文，使威廉姆斯名声在外，这时他开始出版他的著作，这些著作改变了英国的道德哲学。"而早在 1995 年，奥瑟尔姆与哈里森（J. E. J. Altham and Ross Harrison）就曾经共同编辑了《世界、心灵与伦理》的学者讨论文集，以纪念和讨论威廉姆斯的一些重要伦理观念与哲学思想。2007 年，托马斯（A. Thomas）编辑出版了学者讨论文集《伯纳德·威廉姆斯》一书，收入剑桥"当代哲学聚焦"系列。2009 年，考尔卡特（D. Callcut）编辑出版了学者讨论文集《读懂威廉姆斯》。2012年，胡尔与朗（Ulrike Heuer and Gerald Lang）编辑出版了学者讨论文集《运气、价值与承诺》。另外，美国的詹金斯（Mark P. Jenkins）还著有《伯纳德·威廉姆斯》专著，2006 年出版。最近几年，几乎每隔一年都有关于威廉姆斯哲学思想的讨论会召开。2015 年 7 月，英国开放大学与牛津大学哲学系还联合召开学术研讨会，隆重纪念威廉姆斯名著《伦理学与哲学的限度》出版三十周年。相关的论文研究更是深入威廉姆斯思想的各个方面。当代著名的思想家如阿玛蒂亚森、查尔斯·泰勒、T. M. 斯坎伦、麦克·道威尔、雷蒙·盖斯、约瑟夫·拉兹、西蒙·布莱克本、玛莎·努斯鲍姆等，都在不同方面对威廉姆斯思想进行了阐释与批评。

性情、本真与偶然、竞争

理解威廉姆斯的思想有几个关键点。首先，威廉姆斯有着自己对于人的期望与假设。我们可以从他的"完整的人生计划"、人的完整性、性情说与本真说等方面来把握这种期望与假设。基于这些基本期望与假设，威廉姆斯认为伦理学不是要回答人类面临着什么样的道德义务，而是要回答"我如何生活"这样的问题。其次，这样的假设决定了威廉姆斯在哲学上对于系统化的理论抱着一种批评态度，认为这些系统化的理论破坏了人的完整性。作为这种系统化理论的代表，理性主义与道德主义成为威廉姆斯哲学所批评的中心。尼采有一段非常著名的语录，这段语录可以说同样代表了威廉姆斯的取向："我的修养，我的偏爱，我对一切柏拉图主义的治疗，始终是修昔底德。修昔底德，也许还有马基雅维里的学说，因其毫不自欺的以及在实在中而不是在'理性'中，更不是在'道德'中发现理性的绝对意愿，而与我血缘最近。"尼采将修昔底德称为"古希腊人本能中那种强大的、严格的、坚硬的求实精神的伟大总结和最后显现"。这段话可以一语两用。它不但表达了威廉姆斯对于理性主义和道德主义的批评态度，而且也表达出了威廉姆斯对于现实主义的青睐。这种青睐集中体现在了威廉斯晚年的政治哲学思考中。威廉姆斯本人也由于其这样一个取向，而被称为当代政治哲学领域政治现实主义的代表人物。

威廉姆斯伦理学的最大特点，就是对于理性主义和道德主义一直抱着一种怀疑与排斥的态度。如上所述，威廉姆斯的这样一种立场，可以说与尼采有着很深的渊源关系。理性主义承诺给人们提供超越时间空间限制的普遍无差异的伦理观念与伦理原则，并认为人类规范的规范性是时空无差异的。但是威廉姆斯对于理性主义的这样一种承诺深表疑虑。威廉姆斯不相信伦理观念是时间无差异的，也就是说不相信伦理观念是古今一致的，他认为我们的哲学研究表明，伦理观念的含义是有着具体的历史限制的，要想真正准确地认识一种观念在特定历史中的含义，我们就需要一种"有历史的哲学"。而历史的要旨，就是会使得陌生的事物变得熟悉，使得熟悉的事物变得陌生。威廉姆斯同样也不相信伦理观念是空间无差异的，针对后一问题，他提出了著名的"距离的相对主义"。既然一种观念只能够在特定的时间与空间中"有其道理"，那么我们就不可能获得一种时空无差异的规范性。

对于道德主义，威廉姆斯警惕的是理论化本身会让我们偏离我们个人对于世界的整全考虑。这种偏离有时也被称作"疏离"或"异化"。因为道德主义指的就是那样一种系统的、规范的伦理论证模式。而任何规范化的伦理论证，都会以不同的形式使我们偏离我们的生活，把我们引向某些选定的伦理概念、推导原则和先行假定。威廉姆斯非常集中地批评了道义论和功利主义。前者以理性的个体为基本假设，暗含着人类免于偶然性干扰的道德主义主张；后者则以效用计算作为衡量善的基本模式。

不管是有意还是无意，威廉姆斯对于道德主义的系统批评，多少都要假定一种与之对立的东西。这样一种假定就是个体的"完整性"观念。这一观念在哲学上的表现，就是威廉姆斯早期所参与讨论的"个人身份"问题。整全性的观念考察，在其对功利主义的批评中就已经被论及，在 20 世纪 70 年代，威廉姆斯则提出了内在理由说，认为促动一个人行动的真正理由应该是内在理由。在《伦理学与哲学的限度》一书中，威廉姆斯把这样一个主张转化为"一个人应该如何生活"的问题，而在其晚年的《真与真实》一书中则进一步提出了与人在实践真理时所表现出的德性有关的"真挚"与"本真"问题。所以我们可以认为，威廉姆斯有一个相对清晰的"性情（disposition）说"，并且最终发展为关于人的"本真"生活的主张。威廉姆斯主张一个人要做一个真挚的和诚实的自己，而非去遵守来自外部的道德体系。这一主张构成了威廉姆斯学说的基本主旨。在 2002 年的一次访谈中，威廉姆斯总结说："如果说我的著作有一个主题的话，那就是强调真实与自我表现。你应该面对你内心的真实感受，并将其表达出来。"努斯鲍姆总结说，威廉姆斯使得道德哲学的研究离开了康德"我的责任是什么"的问题，转而思考古代希腊人所提出的"我们应该怎样生活"的问题。

性情说与本真说在整体上是个人主义的，并且部分地是自然主义的和心理学的。他对理性主义与道德主义的批评，就在于认为我们不能够偏离我们所观察到的这样一个个体太远，太远则失真。某种意义上，威廉姆斯把人所具有的这样一种性情当成一个"事实性"的东西描绘了下来，并且用来作为衡量任何系统化理论的一个标杆。威廉姆斯似乎有个不可逾越的基本主张：理论要用来丰富我们的现实生活，但是不应该破坏我们所观察到的基本事实。

不过我们同时需要提醒读者注意，在我们努力完整地理解人类生活的过程中，性情说与人的本真生活的主张本身也存在着内在的困难。当我们系统地考察社会规范的规范性时，我们可以以类似的推理方法主张社会规范本身是另外一种"事实性"的东西。为了弄清社会规范的规范性，有的时候就要求我们对人的性情有一种修饰与矫正。最为起码的，在能动者个体、社会规范与规范效力这三者之间，我们无法总是要求后者去适应前者。从社会规范运行的实际方式的角度看，个体在面对社会规范时，我们也不可避免地会要求个体与之有一个协调的过程。或者说，在能动的个体、规范性以及社会规范发挥作用这三者之间存在着张力，甚至存在着某种冲突。而要完整理解社会规范的规范性，就不能不要求我们部分地修正威廉姆斯所阐释与坚持的人的性情与人的本真生活主张。

尽管在面对考察社会规范问题时存在着这样的困难，我们还是认为威廉姆斯基于性情说与本真说而对理性主义与道德主义所提出的批评是中肯的。基于这样一种批评，威廉姆斯后来陆续提出了"有历史的哲学"的主张，提出了"道德运气"的主张，以及"距离的相对主义"的主张。通过这些主张考察哲学史，尤其是考察古代希腊哲学，威廉姆斯一方面强化了我们这样一种观念，即认为伦理观念本身的含义会随着时间与空间的变化而发生相对变化，从而理性主义的普遍无差异的观念和进步主义的阶梯式复杂成长的观念都存在着问题；另一方面，这种主张的极端表现就是价值的多元主义。价值多元主义必然以前述那种意义上的个人主义作为前提，并且同时还在某种程度上预设了持有不同价值的个体是一种不可入的单子的主张。这也就不难理解，从价值多元主义角度出发，不同个体之间的政治关系与伦理关系是一种特殊形式的竞争关系。从而，"偶然性"与"竞争性"就成为威廉姆斯哲学主张的显著特色。我们可以用"偶然的历史"与"竞争的政治"这两个特点来大致概括威廉姆斯的基本哲学主张。

需要特别交代的是,威廉姆斯是一个彻底的世俗主义者,或者说他是完全生活在尼采所宣称的"上帝死了"之后的世俗世界中的。这一点也被认为是导致他与其前妻最终分手的一个重要原因。因此,威廉姆斯排除理论活动的超验诉求,致力于将哲学的反思活动限定在人类生活的范围之内。用学者哥廷汉的说法,威廉姆斯"关闭了意义与和谐生活具有超自然或超验基础可能性的大门","将我们的理论家园局限于完全封闭的颇为偶然的宇宙"。也正如其弟子里尔所言,威廉姆斯致力于为伦理问题提供一种自然主义的道德心理学。"目的就是把人——包括人的道德、伦理和社会能力之实践——看作是自然的一部分。"因此,道德反思的基本起点是个人视角,是个人行动的内在理由,试图超越这一立场的看法不过是自欺。而威廉姆斯自己在希腊思想中看到的也是如此,希腊伦理思想"没有神,也不需要神……它将(人的)品格看作是核心的与首要的问题,致力于追问道德考量如何基于人性:它追问个体会过什么样的一种理性生活。它不去利用空洞的道德命令。事实上,尽管我们经常为了方便起见使用'道德的'这样的词汇,这一思想体系从根本上来说就没有'道德'这样的概念"。这一表述显然也代表了威廉姆斯自己对于伦理理论的主张。

对于人类生活的偶然性、竞争性以及世俗性的强调,构成了威廉姆斯哲学的主调。在这样一个主调的渲染下,我们看到的威廉姆斯哲学是一种存在主义气息十分浓厚的哲学。威廉姆斯因而对于人类的前途并不抱有乐观态度。他的人类观念有着浓厚的悲观气息,或者更为准确地说,与古代希腊人一样,我们只能无奈地接受寄息于偶然与无常河流之中的人类生活。

威廉姆斯将道德哲学研究与历史、文化、政治和心理学结合起来。他是一个分析哲学家，而他更愿把自己看作是一个综合各种观念的哲学家。他希望将不同领域的观念综合到一起，而在强调分工的20世纪，这些不同领域的观念相互间正变得越来越不可交流。他反对科学主义，反对各种形式的还原论和基础主义。在威廉姆斯看来，复杂性是不可还原的、美的和充满意义的。这一观点对于理解哲学有着特别的意义。

威廉姆斯在回答某个杂志的提问时，曾经谈到他对哲学作为一种专门技术问题的看法。他认为技术是必要的，但是还不充分。他还谈道，哲学家不具备社会学家那样的社会知识，也没有社会人类学家那样的社会洞察，他们不像经济学家那样有着一整套的有关社会的相关观念，也不必要像历史学家那样具有对于不同事件的那种看法，同样，他们也没有受到过系统的心理学训练。那么，哲学家拥有什么样的对于社会来说既清楚又有用的东西呢？哲学家能为社会问题带来什么呢？威廉姆斯说："在我看来，回答这个问题的重要要素就在于，哲学家是观念史家。他们拥有以往知识分子的一些观念。尽管他们并不擅长于有关历史的枝枝节节。他们所带来的是对于盘根错节假设的提炼能力和区分不同观念的能力。如果说他们还有什么长处的话，他们具有某种具有创造力的冒险精神；他们能够回顾我们所有人所使用的概念，能够从完全不同的角度审视而不仅仅是描述这些概念。他们告诉我们，可以用这样或那样的方式批评我们思考某一主题的某一方式。"简单说来，哲学家不过就是各种观念与观念方案的试验员。

威廉姆斯曾经回忆说："我们（指他和伯林）最大的一个知识相似点就是不信任体系：相信不可化约，相信多元主义，相信价值冲突，我们总体上都是狐狸型气质。"威廉姆斯自称他在哲学争论中扮演着一个让各方都感到恼火的角色。

威廉姆斯一向以反理论而著称，他的理论观点也一向被认为是驳杂繁多的。然而，顺着我们所清理出的性情说与本真说这样一个线索，我们可以把威廉姆斯的理论特点归纳为"多而不杂，简而不约"。说威廉姆斯的理论"多而不杂"，就是说威廉姆斯的理论都是围绕着性情说支持的人的完整性观念而展开的。说他的理论"简而不约"，是说威廉姆斯貌似给出了一个还击各种伦理理论方案的性情说与本真说依据，但是威廉姆斯终究是反对还原论的。性情说与本真说只是他展开理论讨论的一个参照根据，他并不因此而把所有观念都还原到性情说与本真说。我们因此可以顺着"性情说与完整的人生计划""偶然的历史与有历史的哲学"及"多元主义与竞争的政治"这几个方面来完整地理解威廉姆斯哲学。

第 2 章

完整的人生计划与伦理学的展开

道德运气

1976 年前后，威廉姆斯与 T. 内格尔一起，提出了"道德运气"的观念，并将其运用于道德哲学的研究。他们两人关于道德运气的文章最初提交给 1976 年亚里士多德学会的学术研讨会，后被收入该学会 1976 年会刊第五十卷。内格尔的文章是对威廉姆斯的答复。此前他们已经就"道德运气"的观念在大学讨论班中进行过反复讨论。这一观念挑战由来已久的"道德免于运气"的主张，旨在展示，就像人类生活的其他方面一样，人类的道德同样受到运气的威胁。论文集《道德运气》的编选者斯塔特曼介绍说："他们两人都对道德免受运气影响的断言提出了挑战，力图表明运气威胁道德并不亚于它威胁人生活的其他领域。他们为他们称为道德运气的东西作论证，并给哲学赋予了一个新概念和一个广泛的问题领域。这些新的观念在哲学家中引起了极大的兴趣和巨大的反响。"

在 1976 年所发表的《道德运气》一文中，威廉姆斯首先回顾了西方世界的一个传统。这个传统认为，生活的目的就是追求幸福，而幸福的定义就是通过自我反思实现心灵的宁静。宁静是自我满足之结果。我们可以发现，这个定义的核心是说，有些东西不受自我的控制，它们是由运气和偶然性决定的。而运气和偶然性是心灵宁静之敌。因此通过我们的反思，我们不去追求这些不受我们控制的东西，从而达到心灵的宁静。很显然，这个定义是自足的，或者说是构成性的。其核心是说人有自我反思的能力（也就是哲学传统所强调的人的理性能力），这种能力使得人具有选择宁静生活的可能。西方传统认为，起码善人或圣贤可以做到免受偶然性运气的干扰。

这个传统的背后假设就是：如果你有意愿成为一个心灵宁静的人，你就可以通过你的理性能力实现这一点。这个假设的一种特殊表现形式就是：有一种基本的价值形式，即道德价值，是不受运气影响的。或者用后来为我们所熟悉的康德的话来说，是"无条件的"，或者说是一种"绝对命令"。顺着上一段的论述，"绝对命令"的基本含义就是："它是绝对的，而且是由作为一个理性存在者的行动者自我提出的。"也就是说，到了康德这里，在特别论及道德价值时，真正重要的是能动者的主观意图，而不是外在世界的变化因素。"道德能动性的能力被认为在任何理性能动者那里都是存在的，在能够把这个问题向自己表达出来的任何人那里都是存在的。"成功的道德生活，向一切具有理性能力的存在者同等开放，不受出生与运气的干扰。

威廉姆斯承认，道德免于运气的这一观念很有吸引力。"这样一种观念的核心是一种基本形式的正义……它提供了一种诱惑，在面对世界的不公正感时提供了一种安慰。"而要想像康德主义那样为人们提供安慰，就必然要突出道德价值的特殊意义。也就是说，道德价值不能只是人类诸价值的一种，而是一种特殊的，实际上具有至高无上的重要性的价值。因此免于道德运气的观念伴随着道德具有至上价值的观念，这两点对于康德式道德哲学来说至关重要。由于我们通常的道德观念都是康德式的，所以说，像威廉姆斯那样承认道德运气就"不可能丝毫不触动既有的道德观念"。从根本上来说，基于运气的道德偶然性不同于道德免于运气的看法，所以，接受道德运气说注定要伴随着一种新的道德研究方法。

威廉姆斯对于"道德免于运气"主张的简短回顾，让我们看到人们是如何从一种关于人类免于运气的构成性说明转移到后来为现代哲学家所熟悉的康德式义务论的说明。然而，现代道德哲学家在讨论人类在道德行动中的自由意志概念，以及在讨论人们在具体作出道德判断和修改自己的道德判断的道德习惯时，人类的"道德倾向，不管被放在离动机和意图的方向多远的地方，却总是和任何其他东西一样是'有条件的'"。与这种讨论相关联，在我们如何为人类的道德行为给出合理性辩护的事情上，就会产生一些实质性的差异。威廉姆斯认为，这些差异恰好为我们理解人类的道德面貌给出了不同的可能。

威廉姆斯区分了有意行为与无意行为。在有意行为中，比如说一个人想成为一个画家，但是最终他可能失败了。失败的原因有两种，一种是因为自己的主观过失而使得他没有能够成就理想，另外一种是因为外在的相干或不相干因素使得他没有能够成就理想。对于主观过失，他会因为自己的没有作为而感到懊悔，而对于客观过失，他则通常会感到遗憾。懊悔是典型的行动者遗憾，而相对于一个客观过失，我们通常会产生一种旁观者遗憾。而遗憾就意味着，我们在心目中认为："但愿事情不是这个样子而是另外一个样子。"差别在于，我们有时会认为这样一种路线改变是与我们主观努力关联的，而有时则只能表达一种无奈的主观期望。比较复杂的是，客观过失属于无意行为之列。但相对于无意行为而造成的过失，我们则经常混杂着行动者遗憾和旁观者遗憾。也就是说，对于无意行为，我们通常仍然会认为我们多少都要承担一定的责任。尽管在事实上未必能够界定清楚我们主观责任的界限。

在这里，威廉姆斯事实上在区分行动者在作为个人生活计划一部分的主观动机行为和行动者在完成行动过程中所遇到的与主观动机无关的外在因素。而我们想像某些理论学说那样，把道德责任当成考察一个人道德行为的一个绝对标准，那么我们就不能不面对这个人实际的道德行动状况。而当我们认真和公平地对待一个人的实际道德行动状况时，我们就会发现，道德责任不能够像某些理论所认为的那样成为最高的价值要求和唯一的衡量标准。也就是说，人类的道德行动状况与我们对于一个人的道德要求之间不是一个完全匹配的关系。我们实际的道德行动状况要比我们的道义要求有着更为复杂的状况。因此，为了公平地考察人们的实际道德行动状况，我们最好转而考察道德行动者自身的人生构想，以及这种构想在实际实现过程中的复杂状况。与道德行动者主观动机和人生计划相关联的系列考量，同时也就牵涉到和道德行动者为自己的行为进行辩护的问题，因而也就与我们通常所说的实践合理性及合理性辩护等概念关联起来。很显然，实践慎思、道德辩护与行动者的遗憾行为密切关联。正是其中不同的关联方式决定了后来被我们称作责任、义务的东西。无论是在主观的人生计划的展开还是在客观的外在因素的干扰方面，正如 T. 内格尔所说，我们的道德在很大程度上令人不安地受制于运气。因此，当我们收敛性地回顾我们的道德行动的责任时，我们实际面对的是一个向着运气与偶然敞开的行动者。

在后来的《道德运气：后记》一文中，威廉姆斯进一步解释了他的这一重要观念。提出可以用"伦理学"或"伦理的"（ethical）来一般性地指代我们对于人类道德行为的反思，而用"道德"（morality）来狭义地特指那种特别强调要拒绝运气干扰的系统观念学说。后者特别强调我们道德推理的结果应该采取一种义务（obligation）的形式。威廉姆斯认为，人类所使用的"知识"概念本身就承诺了对于运气的排除，狭义的道德内在地构建出了排除运气的雄心。因此，知识概念与道德概念不可避免地要面对内格尔所说的认识论的怀疑主义问题。伦理学家发现了意愿行为（a voluntary action）、有意行为等概念，粗略地讲，这些概念有利于帮助我们理解人类的道德行为。但是，在威廉姆斯看来，仅有这些是远远不够的。我们马上发现，对于某些无意行为（involuntary action），我们需要给出行动者以免责辩护，否则就是不公平的。我们需要在可辩护的责任行为与可辩护的免责行为之间作出区分，我们因此也就不能够避免区分哪些行为是不可以免于运气的干扰，而哪些行为是可以免于运气的干扰的。很显然，这样一种辩护过程不仅牵涉到与责任、责备等相关的道德问题，而且还牵涉到与公正与否紧密关联的法律责任问题。

威廉姆斯的"道德运气"说牵涉到的是对于作为无条件义务的道德体系的反思。更为抽象地讲，这样一种反思是对于道德规范一般表达式中"A 应当作 B"所包含的"应当"观念的反思，也就是当代道德哲学对于规范问题之"规范性"的思考。

威廉姆斯反复提醒现代的研究者要关注人类的道德行动是怎样展开完成的，而不是关注某种具体的道德理论是怎样论述的。在他看来，人类的德性是可变的。在被问及威廉姆斯在《功利主义：赞成与反对》中所谈到的"完整性"问题时，威廉姆斯在交代了谈论这一问题的特殊背景（批评功利主义相关看法）后，特意谈及了他对于德性可变性的看法。"我并不认为有什么德性可以被看作唯一德性。与柏拉图的特别期望相反，我认为在任何特定的条件下都不存在着不会带来伤害的德性。有些道德哲学家总是在寻求这样一种德性，假定这种德性存在的话，拥有它就永远不会不好；它永远不会对你造成伤害，苏格拉底就寻找这样一种德性。自然的，这就不奇怪他为什么说所有具体的美德如勇敢，其本身不是德性，因为我们可以设想一种场景，在这样一种场景中，这种美德会给你造成伤害。我想所有的德性都会是这样的，在设定的某个场景中，任何德性都有可能对你或对他人造成伤害。一个著名的例子是康德所说的良心这一德性，康德认为它永远都不会对你或对任何人造成伤害，因为它意味着你永远在履行你的职责。但是在一些相当具体的心理关头，良心就是会成为一个相当该死的德性。假如许多人展示出更多的'道德弱点'而不是道德良心，这个世界可能就会更好一些。"

R. 盖斯（R. Geuss）曾经从另外一个角度解释了传统哲学家的道德观、理性观与知识观。他在其 2005 年的著作《在伦理学之外》一书中就特别指出："首要的，传统哲学家假定，在认识上世界可以被我们完全无遗漏地理解：原则上能够如其所是地知道世界的任何一个部分。第二，他们假定，一旦世界能够被正确地理解，就可以使得道德对于我们来说有意义。第三，世界向我们展示的这种'道德意义'倾向于满足理性人的一些基本的欲望与利益，也就是说，世界并不完全中立于，或者不当地阻挠人的快乐。（注意，这里有三个不同的概念：1. 世界有某种意义；2. 世界具有'道德'意义；3. 世界具有某种人类需要的，或者起码是人类期望具有的某种道德意义。）第四，在如此建立的世界中，知识的积累或理性的充分运用对于我们来说是有益的，也有助于我们快乐。最后，这种观点假定，理性的运用——人类个体健康发展的条件与个体需求与利益的满足——基本欲望与人的交往需求的要求之间是自然匹配的。自然地，理性，以及所有的人类益品，包括人的种种德性，构成了一个潜在的和谐整体。"

而威廉姆斯的"道德运气"主张，显然努力要捅破这样一张被哲学家所编织起来的和谐之网。正如威廉姆斯所承诺的那样，在后来的《伦理学与哲学的局限》一书中，威廉姆斯既把道德主义，也把理性主义作为自己所要批评的对象。他对这两个理论取向的批评，同样也贯穿在了他后来的希腊古典学研究和政治哲学研究之中。

理由内在主义

在道德行动理论领域，威廉姆斯提出了著名的内在理由与外在理由的划分，并为道德行动的理由内在主义进行辩护。威廉姆斯关于内在理由与外在理由的区分，以及相关的辩护主张引起了广泛争论。

关于一个人采取某种行动的理由，存在着两种不同的表述"A 有一个理由做某件事情"，或者"存在着一个要 A 做某件事情的理由"。前一个表述被认为是一个关于理由的内在主义的表述，而后一个则是一个关于理由的外在主义的表述。前一个表述的意思是，A 有某个主观的动机，通过做某件事情，这个动机就得到满足或促进。或者说，存在着与行动者的目的相联系的一个条件，如果这个条件得不到满足，那么说他有一个理由做这件事情就不是真的。也就是说，具有一个主观动机，这是促使 A 做某件事情的必要条件。因为是必要条件，所以如果没有这个动机，A 也就失去了做这件事情的一个理由。当然，一个附带的推论就是，有了这个动机，也并不表明 A 一定要去做。原因就在于，这是一个必要的但是并不充分的条件。威廉姆斯把这样一种理由的必要性说成是"A 做某件事情"的成真条件。这样，内在理由就把"A 做某件事情"与具有动机紧密关联了起来。

相对于内在理由的主张，外在理由认为，A 是否具有动机，与"A 做某件事情"之间没有逻辑关联。也就是说，A 缺乏某种动机，并不表明"A 做某件事情"为假。或者说，动机的缺乏并不影响"A 做某件事情"，动机本身并不构成"A 做某件事情"的理由。

需要注意的是，在威廉姆斯这里，主观动机集并不单纯地等同于人的欲望，它"能够包含诸如评价倾向、情感反应模式、个人忠诚以及各种各样的计划之类的东西，也可以抽象地说它们体现的是能动者的各种承诺"。

威廉姆斯对于内在理由的辩护表达了这样一种主张：所有的行为理由都有其主观条件，一个人所具有的行动理由都是内在理由，而外有的外在理由的主张都是错误的。

关于行动的外在理由的主张，部分与康德的"绝对命令"主张存在着近似性。在康德的"绝对命令"主张中，一个人"应当"做某件事情，这一点不依赖于一个行动者的偶然欲望。但一个"绝对命令"必然是一个道德命令，而一个关于行动的理由的主张则不一定与道德有关。但是很显然，外在理由的主张非常接近于绝对命令的陈述要求。

这样一种差别，部分的原因在于，威廉姆斯的理由内在主义，其本身就是一种准休谟式的理论。正如斯坎伦所指出的那样，威廉姆斯的内在理由说是休谟"理性是，并且应当仅仅是激情的奴隶"这样一种学说的一个翻版。休谟这一学说的基本含义是，人的理性屈服于人的感觉和本能、情感和信念，而我们的情感和信念根植于我们的本性，它们本身不来源于理性。但理性也有其反思作用，理性是一个有智有识的奴隶，理性本身具有调节作用。只不过说理性本身也是一种平静的激情。而且，我们人类对于理性根据的寻求是有限度的，其限度根据就是我们的实践之必需。理性辩护止于我们的情感，理性的权威需要在我们的情感中去寻找。

威廉姆斯的理由内在主义被认为是一种规范意义上的理论。其含义是说，当我们说一个人有某种行动的理由时，这一行动的理由"应当"是一种内在理由。说它是应当的，也就意味着威廉姆斯并不否认在与规范意义相对立的，在实然的意义上确实存在着外在理由。但是威廉姆斯会认为，这种实际存在的外在理由是不可理解的，或者说，是与我们的"实践合理性"概念相冲突的。因为，如果在一个人的主观动机集中并没有一个去做某件事情的理由根据，这时我们却要去强调说一个人"有理由去做某件事情"，这种表述听起来就像是错误的，而且就相当于纯粹是在对一个人进行某种恫吓。而这样一种恫吓倾向显然是不合理的，采用这样一种强制要求的外在理由已经接近于终止说理了。

现代的阅读者，如果他头脑中装满了各种相互冲突的理论，比如既有康德式的义务论主张，也有功利主义的后果论主张，同时也有休谟式的自然主义主张，那么他很有可能在这样一个问题面前会感到困惑。因此，首先需要说明的是，正如前边我们所说，威廉姆斯的主张是一种休谟式的主张。因此，理性与情感的关系顺序应该如前所说，我们永远是跟着情感走的，偶尔也会讲道理，但是讲道理终究是为了服务于情感和适度地理顺情感。如果我们采取了上述这样一种外在主义的主张时，我们其实已经是在要求情感调整自己，以便符合我们的理智要求。而这个时候，非常明显，我们已经在要求人们去过一种情感绝对服从于理性的生活了。很显然，这样一种要求其实已经颠倒了休谟式主张中的理性与情感关系的顺序，同时也已经把这样一种说理方式转变成一种听起来非常不合情理的外在命令。

但是这里显然存在着一种困难。如果我们对行动者均采用一种内在主义的理由主张，那么，当一个行动者的主观动机集中并不存在某种理由或价值判断时，我们如何让这个行动者能够有所行动。尤其是，比如说，在祖国出现危机时，一个健康的适龄男青年理应从军，而且这也体现了他们本身应得的荣誉。但是，如果一个行动者主观上并无这样一种荣誉观（广义的主观动机），我们又该如何让这个能动者能够有所行动呢？威廉姆斯自己并不否认其他人可以从外在的观点出发，对一个他们认为应该有所行动但是并没有能够行动的人提出外在的批评，包括批评这些行动者缺乏某些价值观，缺乏某种判别推理能力，或者干脆就是不理性的。不过威廉姆斯同时也并不否认一个人的动机集是可以发生改变的。改变的途径就是能动者本身具有"合理慎思"的能力。通过合理慎思和深思熟虑，能动者改变自己的主观动机，从而使得一个人的行动变成一种具有内在理由的行动。在这里，斯坎伦注意到，威廉姆斯的主观动机集的概念很宽泛，它已经包括了我们的评价倾向这样的东西。这在某种意义上已经背离了严格意义上的休谟主义。也就是说，威廉姆斯已经开始部分接受了合理慎思的力量在形成和修正一个人的主观动机集中的作用。或者说接受了一种被斯坎伦称作对一个人的理由的"反思性修正"的过程。威廉姆斯自己也承认："在可以被认为是理性的慎思过程的事物中有一种本质上的不确定性。实践推理是一种启发过程和一种想象的过程，而且在从理性思想到灵感的转变的连续统上并没有固定的边界。"通过这样一种转变，威廉姆斯的主观动机集就不只是一个人在一开始时就已经具有的那些动机了，它同时也包括了人们在经过各种不同的经验想象和分析性反思后的各种不同意向。

通过这样一种转变，威廉姆斯依然维护了一种内在主义的主张。他和外在主义者的区别依然是，一个外在主义者认为，即便一个行动者的主观意向存在着甚至是不可改变的缺陷，一个人仍然有着去做某件事情的理由。而威廉姆斯则可以坚持，在不存在着缺陷的前提下，一个人经过理性慎思，完全可以实现一个动机的改变，从而使得自己拥有一个行动的内在理由。很显然，这样一种收窄过程，把问题压缩到了一些极为特殊的领域。比如，在威廉姆斯和外在主义者都不否认的可能存在着慎思缺陷的地方，我们如何对待和处理一个人进行行动的理由？

威廉姆斯关于行动的内在理由主张挑起了我们关于行动的规范问题的讨论。威廉姆斯自己的立场是一种修正后的准休谟立场。而在他对自己的立场进行修正的过程中，他也已经从一种严格的自然主义路向向一种实践合理性立场发生转变。这种转变无疑与他的亚里士多德取向密切关联，同时也意味着他的实践合理性观念有着自己独特的主张。这种主张影响了他后来的多元主义主张以及对理性在哲学中的作用的看法。

辩护理由与行动动机

沃霍夫曾称威廉姆斯为"一只多疑的动物"（A mistrustful animal）。在沃霍夫对威廉姆斯所作的一篇访谈中，威廉姆斯谈到对他影响最大的老师是赖尔，赖尔教会他不要迷信"主义"，也就是要避免简单地将某个哲学家归入某个流派。而对他影响最大的同事则是安斯康。从安斯康那里，他意识到了哲学不能够只依靠机巧。"牛津哲学颇为倾向机巧。但这一点颇有争议：有许多具有竞争力的辩证性替代机巧来表明他人是错误的。我也甚为擅长此术。而伊丽莎白·安斯康传达了一种强烈的话题严肃性意识，她表明，一个话题以多种不同的方式呈现出曲折复杂的特性，单凭机巧是无法涵盖的。""许多哲学家追求一种线性的论证思路，在这种思路中，他们用一个证明去盖过另外一个证明，或用一个驳斥来驳倒一些其他所谓的证明，却不去侧面地想一想，这一切到底意味着什么。这就存在着忘记了主要问题的苗头。一个例子就是，人们习惯于在道德的与非道德的之间去作出区分。'一个不同于非道德考量的道德的考量是什么?''一个不同于非道德判断的道德判断是什么?'他们喋喋不休地争论这些问题，甚至没能去问一问为什么这些所谓的区分在这里如此重要。"

威廉姆斯也注意到，道德辩护的理由与道德行动的动机之间是分离的。威廉姆斯对斯坎伦的合理拒绝说表示了同情，同时也认为斯坎伦的理论扔掉了康德伦理学的形而上学包袱。但是威廉姆斯对以斯坎伦的合理拒绝说为代表的契约论仍表示了疑虑。"契约论很可能会引起我称作'想得多了'（one thought too many）的问题——因为，毫无疑问，其他人不能够合理地拒绝一个人应该在船难中营救其妻子的规则，但是我们可以想象，并不是因为这一规则促动了这个人从船难中救起了其妻子。所以，总是存在着这样的问题，即道德考量与一种非反思的、非道德的中间状态的考量之间的关系问题。"

关于辩护与动机的关系问题，威廉姆斯提道，西季威克和许多其他的功利主义思想家都认真讨论过这个问题。这个问题就是："对于以某种方式行动的如此这般的辩护并不意味着这种辩护应该归入如此这般行动者的动机集中。我想，这就导致了一个荒谬的间离问题。"

对于伦理思考中所犯下的"想得多了"的问题的经典反思见于威廉姆斯《个人、品格与道德》一文，该文后收入《道德运气》一书第一节。在该文中，威廉姆斯对于康德主义过于强调个人的同一性和功利主义过于强调个人的分离性都提出了批评，认为它们都远离了我们观察到的个人的道德行动状况。"因此，道德哲学，尤其是其康德式形式，把个人从其品格中抽象出来的方式，并不是处理思想的某个方面的一种正当装置，反而是一种错误表达。"

在西季威克《伦理学方法》第四编第五章第三节中，西季威克讨论了依据功利主义原则推导出来的公共道德准则与出于各种动机理由不愿意遵从这种规则这样一种现象。这种现象的一般化讨论，就是对于规则的辩护与人们的道德行动的动机分离问题。就西季威克自己的讨论而言，他过于看重功利主义所声称的依据功利主义原则推导出来的公共道德准则这一点。事实上，根据现代观点，我们完全可以把"依据功利主义原则推导出来的公共道德准则"中的部分准则看作是一种政治准则而不是一种道德准则。而政治准则与个人的道德行动动机之间的张力是一种完全不同的新的问题。

在一篇访谈中，威廉姆斯正面回应了他对于当代契约论道德义务观的看法。他以斯坎伦的契约理论为例，指出："困难在于通常所说的'描述的层级'问题。在斯坎伦的意义上，没有人会合理地拒绝存在着某种承诺机制。而且，他们也不能够合理地拒绝这样一种观念：存在着某种情景，在这种情景中，违背承诺是可以得到辩护的。但是在这里，你该走多远呢？比如说，如果我违背了一个承诺，这是否意味着我应该向我置其于不利的一方赔偿或道歉？如果是这样，如果这里存在着一种'应当'，就跟确乎如此那样，那就似乎意味着，没有人能够合理地拒绝要求我作出赔偿与道歉这样一条规则。不过我必须得说，在这样的情势下，我认为说赔偿是合适的，要比说这是一条没有人能够合理拒绝的原则要更加清楚一些。我们可以从直觉倒回这一定则。现在，这意味着接受道歉的一方应当接受道歉吗？这显然并不确定。或者说，这意味着接受道歉的一方要么应当接受道歉，要么应当不同意这一原则，基于这一原则，我的行为不能够被他合理地拒绝吗？""于是我们就遇到了契约论常有的问题，契约论过多地要求了人们在道德情感上的协调一致。我们都明白存在着这样的情景，在这样的情景中，人们能够完全可理解地拒绝去玩这种给出理由，支持或反对某些一般原则的游戏。"

我们的确可以在描述人们的道德行动的复杂性与导入理由推导行为之间作出区分。前者要远比后者丰富复杂。后者只是前者的一种可以想象的特殊行为。在许多时候，它还不过是被理论家过于强化了的特殊的理论化行为。强化这种理由推导行为未必不合法，但是用后者来规导人类的道德行为，就显然是一种僭越行为。

在威廉姆斯这里，当代契约理论起码有如下两个缺陷：第一，没有能够清楚地面对规则辩护与行动动机的分离问题；第二，过多地要求人们具备共同的道德感。而契约论其实还有更进一步的缺陷：首先，它没有能够很好地区分道德评价与道德推理。道德评价必然是公共的，而道德推理可以是个人的。其次，它没有能够意识到个体的理性活动与约束公共行为的评价规则之间存在着张力，或者说存在着不可逾越的鸿沟。它简单地将道德规则建立于个体的理性推理能力上，而这是不可能的。再次，它没有能够将个体的欲望动机置于道德考量的首位，从而人为地颠倒了人类的道德实践。基于上述种种理由，我们有理由断定，契约论至多构成关于道德规则是如何可能的一种解释机制，而完全不能如某些契约论者所期望的那样成为一种辩护机制。

功利主义与人格完整性

功利主义是一种独特的看待人的行为和道德的方法，其基本方法是效用算计，而其基本口号则是"最大多数人的最大幸福"。功利主义一般被认为是一种个体的道德体系，但是功利主义的基本特征也使得它不可避免地成为近代政治生活的一种规范的评判标准。功利主义坚持以是否有利于促进人的幸福的效果来作为评价一个行为道德与否的标准，因此，功利主义一定是后果论的与幸福主义的。早期功利主义主张直接评价人的行为本身，通常被称作行为功利主义，后来则进一步发展出规则功利主义。但是总体来说，后果决定价值。

威廉姆斯正是从这一点入手来批评功利主义的。在《功利主义：赞成与反对》一书中，威廉姆斯总结说："后果论的中心思想是，只有那种具有内在价值的事物是事态；任何其他事物具有价值，这是因为它导致了某些具有内在价值的事态。"具有内在价值的是事态而不是行动。这种思想意味着，是行动的结果具有内在价值，而行动本身的价值则是派生的。但这显然和多数人的感受存在着差异。我们会说行动使我快乐，或者说我在行动中获得了快乐。而只是在有些时候，我们会说结果使我快乐。因此，"把功利主义的讨论完全局限在不适当的幸福或快乐的概念中，会使功利主义的论证显得浅薄"。功利主义过分强调了行动与结果之间的因果属性，即认为行动就是为了最大限度地导致好事态。这将意味着要以正确的行动来获取正确的事态，但这也同时增加了功利主义的判别难度。因为正确的行动与正确的事态之间并不是一种严格的因果关系，况且行动与事态本身正确与否，其标准确立也是一个非常大的难题。而且，即便一种事态比另外一种事态更好，我们也不能因此而推断出具体的行动者有责任促进更好事态的发生，尽管他事实上也可以这么做。即便一个人因为这样的判断而自主地承担起推进这种好事态的义务，这也不能推断出我们可以要求其他人也履行这同样的义务。当然，功利主义会以一种特殊的方法来解释义务的这样一种传递。因为每个人都是可以作出合理性算计的，因此通过合理性的算计，一个人应该知道什么才是更合适的。但是，合理性算计与一个人的道德意识之间未必存在着这样正面的传递关系。一个人可以像功利主义所期望的那样，针对具体的境遇推断说采取某些行为比采取另外一些行为更加合理。然而，这个人也完全可以一方面接受这种更加合理的推论结果，甚至在接受这种推论结果之后采取相应的行动。

另一方面，他也可能在采取这些行动的同时，认为这样一种结果是道德上卑鄙的和不可接受的。

功利主义非常强调作出道德行为的人们对于具体环境的感受，但是同时又把人们在不同环境中作出决定的行为简单化，也就是简化为效用的算计。然而，随着具体环境的变化，人们对于采取某些行为产生某些结果的看法就会出现差异。威廉姆斯举了两个有名的例子来说明人们在消极责任问题上的感受差异。

第一个例子是：乔治获得化学博士学位后，因体弱而无法找到满意的工作，家里又有几个孩子需要妻子照顾。这时有一位老化学家听说以后，主动提出要为乔治提供一份报酬丰厚的工作，但是工作性质是把研究用于制造生物武器与化学武器。乔治由于反对制造生物化学武器而想拒绝这份工作。老化学家说其实他也不热爱这份工作，但如果乔治拒绝了这份工作，这一研究开展不起来的话，实验室就有可能解散。而且，让老化学家更为担忧的是，其实他也可以找到另外一个非常热衷于从事这项工作的年轻人，但是这个年轻人对于研制生化武器的极端热情让老化学家感到恐惧。因此老化学家更愿意说服乔治来从事这项工作。这时，乔治的妻子也通过自己的了解，告诉乔治说把研究应用于制造生化武器并没有特别大的过错。种种情况加在一起，乔治该如何选择呢？

第二个例子是：吉姆来到一个南美小镇，小镇广场靠墙处站着一排大约二十个被捆着的印第安人，他们前边站着几个全副武装的军人。一个负责的上尉告诉吉姆，这些印第安人因参与抗议政府而要被枪毙。在听说吉姆是一个远道而来的植物学家后，上尉表示愿意向这位尊贵的客人表达特殊的敬意，只要吉姆可以亲手开枪杀死其中的一名印第安人，那么他们就可以放了其余所有的印第安人。但是如果他拒绝了他们的善意安排，刽子手们就会动手把这些印第安人全部杀死。而在场的印第安人似乎也主张吉姆接受上尉的建议。那么，吉姆应该如何选择呢？

按照功利主义的一般原则，功利主义会主张乔治接受这份工作，而吉姆应该杀死一名印第安人。不但功利主义会这么做，如果所描述的景遇基本确定，且没有另外的特殊因素的话，威廉姆斯说，有不少人似乎也会这么做。但是，对于这么做是否就一定是正确的，人们似乎并没有特别确定的答案。在这里，威廉姆斯特别注意到了被功利主义限定情景之后的特殊选择与人们在作出这种特殊选择的同时可能伴随着的其他感受。这两者之间存在着差异。乔治可能的确选择了实验室的工作，但是他仍然对这份工作的性质存在着疑虑。吉姆也许的确拯救了其余的印第安人，但是他仍然会对自己的行为是否正确或适当感到迷茫。那么，人们在依照功利主义原则而行动之时或之后多出来的这一部分，似乎被功利主义非常轻率地作为冗余排除在了功利主义的考量之外。但是，功利主义真的能够排除这些更多的考量吗？这些更多的考量对于一个道德行动者来说到底意味着什么呢？

威廉姆斯的回答是，这些多出来的部分，对于道德行动者来说，意味着其自身的人格完整性（integrity）。功利主义有时候会把这样的情感看作是一种非理性的因素。但是坚持这样的观点会让功利主义陷入尴尬。典型地，威廉姆斯举例说，当我们注意到居住在容易发生地质灾害地区的少数民族或原住民对于所居住土地的情感偏好时，我们的扶贫迁移计划能够完全按照功利主义的算计去论证吗？正如威廉姆斯所说，这不是由于这个结论本身的性质，而是由于这样的结论本身所涉及的立场。非常重要的是，我们能够像功利主义有时所做的那样，把人们在作出选择过程中的种种偏好仅仅看成是人们身上的非理性因素吗？功利主义不是同时更为关心算计结果的效用与性质吗？假如如扶贫迁移计划那样，在最后的结果中仍然无可避免地掺入了影响到效用的后果，功利主义原先的这种排除原则仍然是一贯的吗？

这两个例子中都包含着一种近乎强制加入的消极责任。"后果论内在地包含着一种强消极责任的学说，即假如我知道我做 X，O_1 将产生，如果我不做 X，O_2 会产生，而且 O_2 比 O_1 更坏。那么，如果我自愿不做 X，我就对 O_2 负有责任。"但是在吉姆的例子中，吉姆的拒绝会导致刽子手开枪射击，但是我们似乎并没有充分的理由说，是吉姆的拒绝导致了事情的发生。因为我们忽视了刽子手的作用，而把一种责任过强地加给了吉姆。我们似乎可以尝试着从这样一种消极的方面谴责说吉姆负有这样的责任，但是我们同时也会感到困惑。

在这样的例子中，功利主义过于简化了人们心中的愿望，同时也过于简化了人们心中的愿望与可能发生的事态的关系。古典功利主义甚至过于肤浅地把使得他人幸福简化成为人们心中的唯一最高愿望，从而甚至有可能滑入一种颠倒的变相的利己主义。而"能使人幸福的事物不仅是那种使其他人幸福的事物，而且也是存在于许许多多的意图和承诺之中的事物"。功利主义应该明白，其最大限度地增进幸福的目的不应该意味着一个人做的事情只是在追求幸福，相反，人们必须同时还追求其他事物。功利主义的算计公式甚至会非常愉快地把某些明显具有破坏倾向的行为放入快乐一栏中，因为这样一些破坏行为在一个效用加减公式中被包含在了最终的快乐收益结果中。总的来说，功利主义的意图是没有恶意的。但是在效用计算公式中，我们多少还是能够看到，一些具有恶意的行为可以通过这样的计算公式而被正当化。最为重要的是，一个人的自身完整计划，在功利主义的效用计算过程中都被统一到了同一个计算公式中。然而，非常显然的是，这两者之间的张力使得价值与效用的算计主体问题被彰显出来，从而影响了对于关联价值的判断。也就是说，我们可以追问：谁的价值，谁来判断，由谁来承担？很显然，在这样的追问中，功利主义有一种把判断权利统一上缴的倾向。简单说来，功利主义的成立是要以破坏人们自身人生计划与人生愿望的完整性为代价的。

在后来的《伦理学与哲学的限度》第六章中，威廉姆斯还特别引入性情（disposition）概念。他认为每个人都有自己的特殊性情，这些性情是人的不同的气质、偏好、旨趣、意向，在这些不同的性情基础上，我们形成了属于自己的独特的人格特征。这些性情要求我们以一种非工具性的眼光看待其他人与其他事。这些性情不仅事关行动，而且事关我们的情感与判断，因而会将诚实、忠诚等视为一种本身具有内在价值的品质，而不是将它们简单地看作是一种只有工具价值的东西。这些具有内在价值的东西事关我们的人格完整性。

关于行为功利主义与规则功利主义的区别，威廉姆斯分析说，二者之间存在着不兼容的矛盾。为了效用最大化，要么我们需要每一次都经过深思熟虑的考量与算计，要么我们适当牺牲每事计算，采纳一定的规则以方便我们最终的效用最大。但是如果相信前者，我们就得承担在某些规则的遵守过程中，其效用不是最大化的；如果相信后者，就得牺牲每事深思的便利。依循规则而行动与每事计算效用之间必有一个方面是需要舍去的。如果遵循规则而行事的间接功利主义（规则功利主义）是理性的，那么行为功利主义就是不理性的。而如果深思熟虑是理性的，那么功利主义就最好减少培育人们对于自发发挥作用的规则的依赖。总体来说，功利主义是理性的、可决定的、以经验为基础的和非神秘主义的。但为了实现功利主义所追求的这些主要价值，一方面要去除对于自发规则这种接近于神秘的东西的依赖，激励人们的理性算计能力，另一方面也要防止诸如性情这样的自发感情和热情干扰我们在具体的算计中作出决定。这两个方向上的工作，最终是要培养人们以一种总体立场进行评价。

功利主义的两难同时体现着对于人的完整性的破坏。在我们谈到的后来被威廉姆斯称作"性情"的个人特殊品质时，威廉姆斯批评说："人类在社会和人与人关系中赞赏的许多品质显然是非功利主义的。有充分的理由假定人的幸福以各种方式与这些品质相连，功利主义者认为这种幸福不值得考虑是没有根据的。"威廉姆斯还特别拿现代博弈论中的囚徒困境为例，来说明功利主义所面临的合作困局。囚徒困境的含义是，两个都是理性的游戏参与者必然追求自身的效用最大化，而如果他们同时都作出理性的效用最大化的选择，则他们所采用的策略共同导致的这种效果要比他们采用不同策略所导致的效果要更坏。虽然他们两人也都意识到了这一点，但是谁也不愿意采用另外的策略，因为他们担心独自采取改进行动，结果会更坏。而事实上，改变囚徒困境的办法是互助，方法之一就是采纳一种可强制服从的协议。某种意义上，可以把这样一个协议理解为附加一个条款，任何一个违反该协议者都将受到无限惩罚。囚徒困境改变办法的含义，是以一种凌驾于游戏参与者之上的强制约束条款，强制性地改变游戏参与者的合作环境。就其所具有的强制特征而言，我们可以说是一种非理性的。而这样一种解决办法，是无法只在功利主义所主张的理性的游戏参与者意义上完成的。

如果功利主义能够应用于个人的道德原则的评价，那么人们也就顺理成章地有理由推断说，同样的原则可以应用于我们对于社会政治制度的评价。也就是说，功利主义可以作为一个社会和政治的决策体系，它可以为立法者和政府管理者提供决策基础。事实上，功利主义的创始人正是这样设想的。但是，作为个体道德体系的功利主义与作为公共决策体系基础的功利主义到底是什么样的关系？一般来说，持有功利主义立场的政府决策者通常会把他个人在个体道德体系中所坚持的功利主义评价标准运用到政府决策中。但是在这里，我们有时也的确都支持政府另有其公共目的和公共标准的主张，为了政府的公共目的，我们又不得不主张决策者持有一种外在的超验标准或社会之外的想象的观点。在后一种情况中，这些决策者能够观察社会，实际上能够影响社会，但他们又不是这个社会的成员。这就非常类似于一种殖民地的统治方式，这些统治者正在实践一种间接的准则体系。这样一种间离后来被威廉姆斯在《伦理学与哲学的限度》第六章中称作是"总督（府）功利主义"（Government House Utilitarianism）。威廉姆斯担心的是，社会政策评价准则的外在化不可避免地要与被治理的公民所持有的价值观念之间产生冲突。如果政府的决定是功利主义的，而公民在很大程度上持有非功利主义的观点，那么这个社会的政府就必然运用权力来实现专制统治。在社会精英的状况与被统治的公民的状况产生类似差异的地方，高压政策或严格的政治限制似乎是最有可能的一种选择。也就是说，采纳功利主义立场的政府缺乏公开性，并且极易导向一种专制统治。

总之，在威廉姆斯看来，效用的加总计算客观上表现为对于行动者的淡漠。行动后果的总价值独立于特殊行动者，且最大化的利益不是由每一个个体的贡献所组成，个体道德行动的理由标准依赖于效用的最大化，因此造成行动理由与行动者愿望的脱节。鉴于这样的脱节，功利主义就忽视了每个人是分离独立的这一事实，并且破坏了人的完整性。

需要说明的是，威廉姆斯的"完整性"（integrity）是以自我同一性概念为基础的。完整性是由被人们所深刻认同的承诺所组成的生活中最为根本性的东西。每个人都有一个属于其自身的根本计划（ground projects），也即拥有赋予个人以意义和独特身份的基本承诺。这些承诺包括意图、诺言、信念、期望等等，它们构成了一个人的职业理想、道德理想和人格理想，这些承诺对于保持个人同一性至关重要。每个人都有一个完整的人生计划，一个没有计划的人就失去了完整性。威廉姆斯一直主张从第一人称出发去看待道德规范，选择道德行为。这种主张与他的个人完整性概念密切关联。

威廉姆斯的性情说

在对功利主义的批评过程中，威廉姆斯提出了与个人价值密切关联的性情（disposition）概念，并且假设了个人完整性是以个人性情的全面展开为基础的。这一观念的理论基础是他后来在20世纪70年代后期所逐步展开的价值多元主义主张。他后来主张"价值越多就越好"，并把价值的丰富程度视为评价一个社会好与坏的标准。威廉姆斯的"性情"观念与哈贝马斯的"旨趣"（interest）观念可有一比。两者都深入人的价值与审美判断的原始起点，并且都成为人们形成不同的社会品位、个人偏好乃至知识产生分工的原始依据。两个观念都包含了价值的起源但远比这一点还要丰富。而在对功利主义关于何种行为是"非理性"行为的分析中，我们已经看到了实践哲学所特别看重的审慎等相关概念的影子。功利主义是以无视人的完整性为前提的。功利主义与我们对于人的完整性直觉和我们对于美好社会的直观设想之间存在着间离。这种间离感受使得我们有理由相信，功利主义在某些方面要么是思考得不够清楚，逻辑不够连贯，要么就是出现了根本性的错误。反思功利主义，看来需要从内部和外部两个方面同时进行。

威廉姆斯提出的"性情"这一概念，其含义是说一个人生性养成了某些做事情的特别的倾向、方式。性情、禀赋、特征、特性，说它是生性的或天生的，并不是说它是一种哲学意义上的先天，而更多的是一种社会学意义上的养成或生物学意义上的本来如此。但它一定是特别的，一眼就能够看出来的，本来就有的一种可观察的现象。它是一种特别的既有事实。比如有人生性爱冒险，有人性情脾气温和。所以我们可以优先把它翻译成中文的"性情"，在另外一些搭配中也可以把它翻译为中文的"倾向"或"特性"。而在理解上，则可以根据上下文在描述中选择合适的词汇。威廉姆斯后来还在另外两篇文章中专门讨论了人的性情（特征）问题，一篇名为《职业道德及其特性》，另一篇名为《性情的优先性》。前一篇收入《理解人性》一书，后一篇收入《作为一门人文学科的哲学》一书。《职业道德及其特性》一文讨论了职业要求（如律师行业）与个人性情的关系，认为人具有某些社会性情，而职业的发展本身则有时会要求我们改变某些性情，去适应某些职业本身的特点，这就不可避免地会造成人的"疏离"（alienation，或称"异化"，下同）。职业特性与人的性情之间多多少少存在着一种紧张关系，由于人的性情或伦理禀赋的存在而导致的这样一种紧张关系本身，也在一同参与着职业道德的形成。职业特性具有某种程度的自治特征，但是它并不因此而完全绝缘于人的性情。《性情的优先性》一文则特别反映了威廉姆斯对于性情概念在伦理学中的地位的看法。在该文中，威廉姆斯提出，存在着一种可以被称作"性情"的东西，尽管我们反对还原论，因而也不主张将伦理问题都进行还原，全部用性情来加以解释，但我们还是可以说，性情概念在伦理学研究中具有优先性。

威廉姆斯还特别注意到，他自己的性情说与休谟的人为德性说存在着某种程度的矛盾。威廉姆斯承认社会性与性情不可互相还原，也就是说，性情不能够经由社会性来加以说明，而人的社会性并不影响人具有某些性情。而且，性情毕竟在理解伦理问题中具有优先性。在这一点上，威廉姆斯倾向于从生物进化角度和心理学角度来说明人的伦理生活。他的这样一种视角见于其论文集《理解人性》的第二部分的几篇文章。威廉姆斯不完全赞成休谟的"人为社会所形塑"的主张，尽管他也并不反对休谟的这样一个主张，但是他会认为不需要那么强烈地主张人的价值全部来源于社会传统。价值的来源有其生物性基础和心理学基础。

事实上，威廉姆斯的性情论主张与休谟的价值是由社会传统赋予的主张存在着张力。个人性与社会性之间的这种张力，也已经预示了威廉姆斯政治哲学观的倾向来源。一方面，政治规范最终必然表现为社会中的人与人之间的一种共同约定，因而在这一点上需要完全打掉个人性。另一方面，威廉姆斯与伯林一样，并且与伯林一起，从价值多元主义的角度否定了完全去除个人性的社会规范的可能性。因而社会作为一种机制约定，近乎是一种权宜之计，并不具有关系上的优先性。在这个意义上，他的政治哲学仍然坚持了，或者也可以说是捍卫了个体优先的观点，但是也因此留下了诸多难题。在这样一个意义上，我们还可以把他的性情说与他的《真与真实》一书放在一起来读。他所强调的人对真实性的追求以及对于本真性的关注，都与人本身所具有的某些性情相关联。尽管威廉姆斯并不赞成道德实在论，但是他的性情说与本真说本身在某种意义上却仍然保留着实在论的痕迹。或者说这些说法本身在某种意义上都难免会让人联想到某种形式的实在论。

密歇根大学的彼得·雷尔顿在《疏离、后果论与道德要求》一文中，针对威廉姆斯批评功利主义的后果论主张导致了人的自我疏离（也即异化）的主张，提出了不同看法。在雷尔顿看来，威廉姆斯提出后果论的考量要求导致人的自我疏离的主张，其实同样适用于其他多数道德理论。也就是说，任何一种理论的抽象化都不可避免地要在人的行为之间有所取舍。现在的问题关键不在于是否是某种理论导致了人的疏离，而是在于我们应该考虑，一种理论是在向我们提出一种什么样的道德要求。毕竟，任何一种道德理论都是对我们有所要求的。因此，只要存在着道德理论，疏离就不可避免。很显然，雷尔顿的思考促使我们从理论上进一步认真考虑前述的个人性与社会性的张力。威廉姆斯似乎在主张一种个人本真性的生活，并且在后来的《真与真实》一书中也提到了与人的本真生活相关联的"真挚"等观念。然而，作为个体的本身为真与社会群体生活的共同规范之间毕竟存在着张力。这种张力的性质一旦清楚，我们就不得不重新思考诸如疏离这样的问题。简单说来，雷尔顿的看法就是，威廉姆斯讲到的后果论导致人的疏离的现象确实存在，但是也许这正是后果论向我们人类提出的基本的道德要求，我们必须对这样的基本要求有所回应。

真与真实

《真与真实》（*Truth and Truthfulness*）是威廉姆斯晚年的名著。我们可以把 Truth 翻译为名词意义上的"真"，而把 Truthfulness 翻译成名词意义上的"真实性"或"真实"。威廉姆斯何以要以这样两个概念统摄全书呢？这一点颇有意味。

威廉姆斯在全书的一开头就提出，对于真实性（truthfulness）的信奉，对于真（truth）之观念的怀疑，是近代思想文化的两种观念潮流。二者相互关联。在历史问题上，这种怀疑表现得更为集中。通常，我们获得了诸多可以用来揭示历史真理的说明，但是后来却发现这些"真理"不过是一些偏见、意识形态，或者仅仅是自足的。我们试图替换这些"谬说"，但是却发现会再次遇到同样的问题。于是就出现了"历史解释是否能够为真"的问题：是否存在着客观的真理，能够真实地、可信地作为我们追问过去时所要达到的一个目标。类似的讨论多多少少也都会出现在其他领域中。假如真理不能成为我们追问的目标，那么不再假装我们是在追求真理可能就显得更诚实。从而我们就会接受，比如说，我们对于我们所处景况的描述也许只是修辞性的。

由此我们发现，对于真实性的要求和对于真之拒斥可以是同时发生的。但是，假如你不相信有真理存在，那么你追求真实性的那种热情又是什么样的一种热情呢？

追求真实性，怀疑真（truth）是否真的存在。二者之间存在着紧张关系。对于这种紧张，有着不同的消弭方法，比如认为历史解释是一种意识形态建构，或者像拉图尔（Latour）与哈丁（Harding）那样认为，知识社会学传递科学真理，要比科学传递有关世界的真理处在更有利的位置上。

不管怎么说，在威廉姆斯看来，真与真实性的问题是当下哲学的一个基本问题。二者之间的紧张带来了数种冲突。首先就是两种启蒙观点之间的冲突。一种是理论全能观，相信有关个人和社会的外在的、客观的真理，代表了一种理论暴政性的启蒙观。另外一种则是自由批判性的启蒙观，它与自由主义有着特殊的联系。同时，这种冲突也体现在两种不同的做哲学的方式上。一种被威廉姆斯称作否定者，另一种则是常识派。

对于历史的理解，我们希望真实，这就是我们所要求于自己心理的一种真实感。而要真实，就是希望我们所认识的历史是真的，对历史的描述是一种真理。但是我们又总是会怀疑我们的描述是否是真的，于是，对于历史真实感的要求和对于我们所描述的历史真实与否的担心，便构成了我们在对待历史时同时并存的两种要求，这二者之间存在着张力。

真实感是一种对于认知活动的心理感受。过去的知识论讨论，只考察认识判断的真假，而不考察我们对于真假的感受。威廉姆斯曾经说过，在他的理论侧重上，怀疑论不再是考察知识来源的可靠性，而是考察认识知识能力的可靠性。他的伦理学讨论，也是扭转了对于无条件的义务论的刻画，转向了对于道德行为动机的讨论。威廉姆斯在这里的考察，具有认识心理学的取向。

有此取向的一个重要原因，可能是他要把有关真理的认识活动与个体生活的谋划联系到一起。有了真实感的过渡，完全客观的真理认识活动才有可能与主观性比较强的个人生活联系在一起。与威廉姆斯对于最近几十年来伦理学讨论的转向所起的作用类似，他对于真实性的讨论，有可能改变传统知识论讨论中为求真理的客观性而力避认识活动过程中的主观因素的做法，从而把知识论的讨论引向一个新的未知领域。

威廉姆斯所描述的真与真实性的紧张关系，不可避免地把我们引向了这样一种图景当中，这种图景在我们对于历史真相的寻求中显得尤为清晰。我们可以用这样一句话来概括这种图景：即便我们不能够获得关于历史之真相，我们起码也可以要求对于历史的描述具有真实性。这是一个以退为进的策略。它所表达的是：即便历史的真相无法还原，我们起码要求历史叙述者的叙述听起来像是真的。或者，再退一步说，即便我们无法要求历史学家给我们拼出一个历史的真相，我们起码可以要求历史学家是以一种具有真挚感情的方式在向我们叙述历史。这种话同样可以适用于我们对于政治家的底线要求：即便我们已经无法要求或甄别你们所说的事情是否为真，起码你的叙述与宣传能够让我们感受到一些真实吧！当然，这样的要求背后有一个基本的假设，那就是，真实与否，听众自然有一个相对稳定的判别标准。

这样一种后退，打开了一个新的领域。因为，真与假（错误）是并列对比的。在真与假的对比意义上，关于真的问题，探讨的是一个知识或认识的问题。而真实与撒谎、不诚实是并列对比的。（20 世纪著名的法哲学家凯尔森在其晚年名著《关于规范性的一般理论》一书中也特别提到了这样一种差别。不过，还没有证据表明威廉姆斯注意到了凯尔森的这一慎重区别。）在真实与不诚实的对比意义上，关于真实性的问题，探讨的是一个人的品质问题。威廉姆斯自己把这种关注点的转移称作是从关心真理问题转移到关心"真理的价值"，或者说是关心"真理的德性"，也就是关注"那些想要认识真理、发现

047

真理、对其他人讲述真理的人的品质"。在这里威廉姆斯有一个深刻的洞见，如果我们对真理的真实性无法给出最后的保证的话，我们对于真之认识就只能停留于信念。而只有真之信念，其本身是没有任何价值的。相比较而言，下述思想的价值会更高：在某种意义上，如果我们丧失了对于真理的价值的感受，我们必然会丧失某些东西，甚至会丧失一切。

威廉姆斯的这一区别是他这本书的立论基础。他的这一区分相当于是明确宣布，他要做的工作是关于真理德性的概念谱系研究，而不是关于真理问题的知识论研究。他要追问的是，在人们追求与真理有关的真实性等问题时，人们关切的是在往哪些方向发展，与哪些感受与评价关联。或者说，为了保证我们对于世界的起码的真实感受，我们的行为需要作出什么样的基本承诺。再或者说，这个世界在怎样的一种关联方式中，保证了我们对于世界的这样一种起码的真实感要求。

我们之所以尝试着从几个完全不同的层次去表述威廉姆斯的用意，目的是尽可能真实地把威廉姆斯自己的意图展现出来。

很显然。真实（性）意味着一种尊重真理的要求。而要尊重真理，我们的表达就需要追求准确（Accuracy）与真挚（Sincerity）。它体现为："尽你最大的能力获得真信念，所说即所信。"而一个现代学术机构的权威必须根植于这两个德性之上。在紧接下来的论述尼采的一节中，威廉姆斯对尼采的真实观与真理观作了进一步深入讨论。他认为，尼采关注我们追求真实的意志，但是他并不会紧连着真实去追求真，尤其不会为了这些德性而去假设一个关于真理的形而上学。尼采的目的，是要把真理造就为我们可以忍受的东西。

威廉姆斯的目的是展开一种关于"真理的德性"的现象学

的考察，就是以一种非还原的、解释性的方式，考察与"真理的德性"相关联的诸德性与诸概念。在威廉姆斯看来，通过人们自然追求的交流信息的知识冲动，人们凝固出了关于真理的相关德性。而且，最为关键的是，这些德性从根本上讲是具有内在价值的，而不是仅仅具有工具价值。尽管在某些特殊的考察环节，某些价值表现出了一定程度的工具价值。

在这样一个思路下，威廉姆斯考察了诚实、准确、实在感与本真（Authenticity）等关联德性，也考察了与这些德性的起源相关的结构如自然状态、虚构、分工等，以及与真理相关的知识论问题如断言、信念与知识，关于真实的历史起源以及关于本真的心灵起源。最后，还就现代政治生活中的真理德性问题进行了分析。哲学家罗蒂评论说："在叙述谱系的过程中，威廉姆斯以常见的、毫无争议的说明解释了为何社会合作需要共同体成员相互信任：为何失去了对他所说的诚实与准确的广泛敬意，你就不可能拥有此种合作。学习语言需要下面这样的信任，即当相同事物出现时，人们将会作出大致相同的报告。当人们共同努力从而聚散精准的信息时，所需要的不仅仅是不撒谎，而是必须开诚布公。没有广泛的真诚与相互扶持，就不会有社会制度。"

威廉姆斯对真理德性的考察，谈论的终究是个人的本真生活，是我在面向他人时所表现出的"我的"个人德性。尽管真理德性的谱系中诸德性本身不可避免地涉及人与人之间的关系，但是本真德性必然是切己的而非涉他的，是生存论的而非是关系论的。这就使得威廉姆斯的考察囿于自我之品质，而没有能够抽去自我，考察与他人共处需要什么样的品质。

威廉姆斯与尼采：真实感与现实感

在哲学史人物中，威廉姆斯对于尼采的偏爱有目共睹。威廉姆斯自己曾说过，他无法掩饰自己对于尼采的喜爱，有时甚至希望自己每隔上那么十几分钟就引用一次尼采。希腊与尼采，可以说是威廉姆斯的两大偏爱。前者以其《羞耻与必然性》为代表，后者可见其《真与真实》以及他对尼采的多篇研究文献。他重新翻译出版了尼采《快乐的科学》并作了导言，他写了多篇研究尼采的文章，在其后期的研究与书评中，他更是随时回到尼采。他在不同的文章中表现出的对于尼采的这种偏爱并不符合他自己成长的分析哲学大背景，因此在精神气质上显得有些特别。不过这样一种特别的精神继承倒是跟我们所说的对于哲学中还原论主张的批评密切相关。

我们知道，尼采对于西方知识传统中的道德主义与理性主义采取一种激烈的批评态度。这种态度遍布于他的各种著作中，典型地浓缩于他下述这段（前边我们已经引述，而为了强调，现在我们再次引述）话中："我的修养，我的偏爱，我对一切柏拉图主义的治疗，始终是修昔底德。修昔底德，也许还有马基雅维里的学说，因其毫不自欺的以及在实在中而不是在'理性'中，更不是在'道德'中发现理性的绝对意愿，而与我血缘最近。"尼采将修昔底德称为"古希腊人本能中那种强大的、严格的、坚硬的求实精神的伟大总结和最后显现"。说这段话是浓缩的，是因为它同时表达了尼采对于还原论的批评和对于政治现实主义的偏爱。而威廉姆斯毫无保留地接受这一主张。

尼采批评柏拉图集中在两点：理性主义与道德主义。这也正是威廉姆斯对于近代以来道德哲学批评的核心。尼采和威廉姆斯都提出了非道德主义者的问题，都认为柏拉图主义不能够很好地容纳与解决这个问题。之所以不能够很好地容纳与解决这个问题，其弊端之根仍然在理性主义与道德主义这两点上。因此，二人采取了相同的取向：让哲学回到柏拉图以前，回到修昔底德所代表的古代希腊人的世界观中去。换句话说，回到现实主义的路线上去。

尼采的重心在价值的来源问题。本来，道德主义本身就是一种对于价值来源的交代。与尼采所批评的基督教道德说教一样，理性主义站在哲学家的立场，以一种拟神的姿态，为普通人设计出了一套价值来源的说法。尼采这里已经只关心价值，关心人的生活的问题，所以他并没有去区分与人的实践生活不直接相关的认识问题。也就是说，他的重心在真人问题而不是真知问题。但是我们说他开启了真人问题，忽略掉了真知问题。

既然理性主义是哲学家立场的一种拟神姿态，则它跟基督教的道德说教一样，都是在为人设计价值。而这些设计出的价值透露出虚假的气息。因为，如果随波逐流是人们所可以效忠的全部，那么甚至最好的原则也是无济于事的。好坏是非如果是外在设计好的，则承载和表达这些价值的人就蜕化为一个躯壳，蜕化为价值的承载工具。而如果人只是一个躯壳，则这些价值就是对人的一种病态扭曲。这个时候，真人不再。

从尼采到韦伯，人类正处于价值的迷惘失落时期。尼采开出的治疗是回到每个人自身去，把价值选择问题交给每个人。基督教和拟神的理性主义（哲学家之宗教）不是出路，出路就在于每个人自己。"我是在按我应该生活的方式生活吗？""我的生活是不是随波逐流?"这些追问都是为了避免尼采所担心的扭曲。生活着的个人自己受生命意志的驱使而作出的选择,在尼采看来是不扭曲的。他倾向于把这样一种价值的生发称作真人的生活。

很显然,按照尼采的处理,就面临着没有神的状况。没有神之后,就出现了每个人都是神的状态。韦伯称我们这时只能自己选择。

尼采批评了传统价值的扭曲。但是他给出的价值来源本身面临着麻烦。这些麻烦尼采全然没有去考虑。他得到了人之于自己的真人生活,但是他没有去回答社会如何可能的问题。传统的基督教与理性主义给出的道德主义处方是要解决社会如何可能的问题,而不是真人的问题。即便是苏格拉底,他的"德性即知识"在应用于个人如何生活的问题时,同时也融贯地兼容于社会如何可能的问题。所以我们可以说《理想国》是两个问题同时考虑到的,它是要试图给出融贯说明的。

当威廉姆斯把伦理问题界定为"如何生活"的问题时,他是以尼采的方式提出了真人问题。但是他和尼采一样忽略了"社会如何可能"的问题,以及做一个真人与"社会如何可能"应该如何兼容的问题。

尼采和威廉姆斯在以个人为中心来回答真人问题时,他们的世界图景就变成了竞争的和偶然的。而竞争的和偶然的世界不是"社会如何可能"所期望的世界。他们现在希望以"社会如何可能"的问题来迁就真人问题。那我们能够想象的社会生活和政治生活就一样是竞争的和偶然的。

如果我们尊重尼采和威廉姆斯的选择,我们会严肃地讨论"社会如何可能"问题应该如何与真人问题兼容。但是如果我们在排序上认为"社会如何可能"问题优先于真人问题,我们就有可能会把讨论往回拉。笔者认为努斯鲍姆等人的讨论就是在往回拉。他们期望重新启用理性主义，优先回答"社会如何可能"问题。

但是这中间有多种考量可能。我们这里只是特意突出了"社会如何可能"问题与真人问题的紧张冲突，以表明这种冲突对于尼采与威廉姆斯来说确实构成一个问题。对于二者紧张的调和，即便尼采与威廉姆斯没有能够做到，起码我们可以有如下几条现成的替代。第一，亚里士多德式的中道；第二，休谟式的身份认同；第三，社会演进学说。

这三条替代方案中，亚里士多德式的中道更为接近容纳真人问题，并且平等地兼容社会如何可能问题。中道尊重个人的价值选择，同时主张对外在环境进行审慎兼容。因为只有这样，才能表现出美德。休谟开启的身份问题的讨论以消极方式承认了人作为行动的中心的问题，但是休谟的处理更关注人与社会的反思均衡，认为人为社会所形塑，人在社会环境中实现自己的身份认同。而一旦认为"人为社会所形塑"，则真人问题就已经在事实上排序靠后于社会如何可能的问题。而社会演进学说提供了一种保持个人主动选择的可能，同时认为社会如何通过个人的竞争而实现秩序的均衡。尼采对于达尔文主义的接受，恐怕也是兼容两个问题的一种努力与尝试。

努斯鲍姆当然就会认为，经过改造和限定的康德式实践理性，是与亚里士多德式的中道接近的，因此也就可能接纳真人问题，同时不忽略或回避社会如何可能的问题。不过尼采和威廉姆斯会对康德的理性主义保持警惕，恐怕他们更愿意直接接受亚里士多德而不是康德。况且，努斯鲍姆的话题转换是带着隐含假设的转换而展开的。隐含假设已经转换而不向论辩对手交代，这显然不是一种公平的论辩。

的确，如果从价值来源角度考虑的话，道德或许和真人问题密切关联。但是如果从"社会如何可能"角度考虑问题的话，只有真人问题的维度的确是足够奇怪的，并且人为地为人类的实践生活设置了障碍。

在政治哲学研究中，我们会发现，从个体的行为理性推导不出集体行为的合理性。或者说，支配个体行动的规则不同于支配集体行动的规则。这样，当不同的人在一起时，我们需要的支配规则将是不同于独立地考虑一个人时的规则。或者说，当个人进入社会时，他需要接受一种社会规则的支配。而政治哲学不但考虑个人与社会的关系，而且更加注意社会规则的形成问题。这个时候，当我们站在社会的角度考虑问题时，我们就不得不提醒自己，我们在某些领域内考虑问题的思考方式，将不同于在政治领域内的思考方式。如果说尼采式的价值考量基于个人的话，则道德考量有时是基于个人的，有时是基于社会的，而政治考量则只能是基于社会的。在我们这样考虑问题时，我们将支持罗尔斯的主张："政治哲学的考量不同于整全学说。"

我们也知道求得成为真人其实是人类实践生活的一个传统追求。但是无论庄子道家的真人理论，还是尼采海德格尔的生存论的本真存在，尽管说他们都开启了以人的在世存在为中心的价值研究之路，但是他们的真人概念多少都是有些反社会的。他们提供的真人理想都是反对流俗与沉沦的。这样，当我们回头考虑社会如何可能的问题时，我们冒着把他们所反对的东西重新请回来的危险。而如果我们从生活的基本要求出发，证明社会如何可能的问题是一个必须认真回答的问题时，我们其实隐含地向真人传统提出了一个挑战：为了社会如何可能的问题，真人概念必须重新思考，乃至重新界定。

如果说自然淳朴是一种修炼的话，那么入世修行将是另外一种更高境界的修炼。假如真人传统真的受到了社会如何可能问题的逼问，我暂时能够想象到的一个妥协就是现实主义。因为一叶扁舟傲江湖的诗意生活注定要受到现代政治经济等的现实约束，乡老狂人每每前行，必然要受到官僚职员的监督、检查与干预。我们可以说真人传统向往的生活在现在的这个星球已经令人扫兴地被打了折扣，只有在人的心灵领域，还尚可以苟全这一梦想。但是不管怎么说，在只研究或只思考真人为真的人士与"扫兴地"向这个传统导入社会如何可能这样的问题的人士之间，存在着一种心理上的落差。在我们看到的一些传统中，前者保持着一种心理上的优越感。然而我们不得不说，这种优越感只是一种心理上的自我暗示，问题如果视而不见，出问题的只能是拒绝者自己，而不是问题本身。

当然，起码在威廉姆斯这里，他考虑到了社会如何可能的问题。他承认社会建构的可能，但认为是让观念适应历史变化，根据一定的历史特点而变得厚实起来。他反对的是德沃金或罗尔斯式的抽象建构，尤其反对将概念不加历史分别地应用于政治生活的思考。因此，问题不在于人类是否拥有自由平等诸观念，而在于这些观念是以什么样的形式嵌入我们现在的生活当中去的。这样，威廉姆斯主张的就是一种时空有差异的理性观念，而德沃金和《正义论》时期的罗尔斯主张的则是一种康德式的时空无差异的理性观。威廉姆斯的政治哲学思考将是现实主义的。他对人类在理论领域追求纯净性，而在实践领域追求实际利益的反差相当敏感。所以他在《泰初有为》中提出要消弭人们的这种摩门教式的分裂，让我们的规范思考与我们的规范实践间的差距缩小。的确，威廉姆斯的这种冲动与尼采是一致的。尼采对于道德主义导致的人类价值实践上的萎靡与虚伪深恶痛绝。

威廉姆斯在《泰初有为》中所提出的自己理论努力的宗旨，就是消弭这种落差，让我们的理论实践贴近我们的现实生活，让我们在考虑规范问题时尽可能地防止精神分裂。因此，社会规范的性质问题，或者说我们以什么样的方式让规范体系嵌入我们的生活，就构成了威廉姆斯理论努力的重要旨趣。而这一点，也是笔者理论考量时的重要衡量标准。如果这一标准对于理性主义保留着警惕的话，其警惕的依据自然是我们的规范实践，我们对于社会规范体系诚实程度的评价，决定了我们对于某些规范体系的论证路径保持着怀疑。理性主义位列该怀疑名单。

传统道德强调灵魂高于肉体，肉体是灵魂的拖累，或者强调道德具有必然性，我们生活在道德必然要求中。前者特别地为尼采所批评，后者特别地为威廉姆斯等人所检讨。

我们大体可以把尼采的思维倾向进行简化。尼采认为理性主义与道德主义歪曲了规范（价值）植入我们生活的方式。也就是说，他认为这两股潮流使得价值外在于我们的生活。遵循这两股潮流所塑造的价值将使人变伪。而这两股潮流发轫于苏格拉底，表现为柏拉图主义和后来的基督教教义。为了矫正使人变得虚伪的价值，有必要回到苏格拉底之前的哲学。其中，赫拉克里特的哲学尤为尼采所钟爱，而修昔底德的哲学观也与赫拉克里特亲近。

也就是说，我们把考查尼采的主题界定为价值介入生活的真实感。这一主题线索同样适用于后来的威廉姆斯，并且可以扩大至我们对于政治现实主义的追寻。因此，这一主题限定在人类生活的范围，追寻的是人类实践诸领域，尤其是道德与政治生活领域规范问题的讨论。

威廉姆斯以大家所钦佩的分析哲学的清晰与严谨，进一步厘清和扩大了尼采所提出的主题。威廉姆斯论述非道德主义与柏拉图对于非道德主义的反驳论证有三篇。分别是《柏拉图反对非道德主义者》《柏拉图〈理想国〉中城邦与灵魂的比喻》和《柏拉图对于内在善的建构》。这三篇后来均收入《既往的意义》一书中。

这三篇考察主题一致，其意图一在指出柏拉图忽略了正义的内在善论题，而事实上柏拉图自己的论证设计是蕴含这一主张的；二在指出柏拉图从个体的德性设计到城邦的政治结构之间存在着断裂，从而使得柏拉图关于正义的构想没能真正回答色拉叙马霍斯等人提出的问题，也就是说，使得理想国的设计出现了问题。

色拉叙马霍斯提出"道德就是强者的利益"，认为正义是强者剥削弱者的机制。但是他的提问马上带来了一个问题：是什么使得强者成为强者？苏格拉底指出，正是个体间的正义实践使得集体行动者得以可能。正如第二卷中格劳孔所说，是弱者使得强者变强。因此，作为一种个体正义得以实现的机制，城邦和团体实现的是个体的正义。色拉叙马霍斯的主张因而是错误的。而"另一方面，格劳孔的理论成为光荣的契约主义解释的先驱，这一理论表明正义是集体行动和劳动分工的基础，正义是人类的尊贵价值"。

《理想国》第二卷开头提出了评价事物的三种标准：因其自身而有价值；因其后果而有价值；同时因上述二者而有价值。

当我们谈及集体正义时，就会用到"我们"而不是"我"。而这个我们需要得到进一步说明。苏格拉底的问题是："一个人应该如何生活。"苏格拉底认为他的问题要比色拉叙马霍斯的问题更重要。

受过康德伦理学影响的现代人或许会认为柏拉图批评非道德主义者的功利评价是为了强调道德自身的内在价值。不过威廉姆斯认为，并且特别强调，柏拉图的重点并不在此。柏拉图意在回答"我应该怎样生活""什么才是好生活""我怎样才能做得最好"这样的问题。柏拉图认为在这样的问题上，色拉叙马霍斯等人的回答是错误的，而苏格拉底的回答才是正确的。

对于"我应该怎样生活"的问题的回答，可以分为伦理的与政治的两个方面，借助个人与城邦的比喻而完成。（关于"我应该怎样生活"的伦理回答与政治回答，威廉姆斯在《伦理学与哲学的局限》第二章中有过一个类似的简化讨论。而关于个人与城邦的比喻及其存在的问题，见威廉姆斯《柏拉图〈理想国〉中城邦与灵魂的比喻》一文。）在《理想国》之外，威廉姆斯还选择了《高尔吉亚篇》来作为柏拉图分析和批评非道德主义者的基本文本。

威廉姆斯认为柏拉图关于正义问题的政治结论是模糊的。柏拉图认为，在正义的城邦中，所有的公民都应该是正义的。较低阶层的公民与其较低的灵魂相匹配，拥有较低层次的正义。因此，他们需要护卫者来统治他们。不过这样一来，"城邦中的较低阶层，像灵魂中的较低部分一样，不能看护自己，他们没有内在的秩序原则和纪律。他们所需要的秩序和纪律来自别处，在政治领域，来自护卫者。这意味着护卫者必须是伦理上自足的，而这意味着他们必须能够明白正义值得为其自身的目的而追求之。如果像格劳孔所解释的那样，正义只能作为次等的善而有价值，那么护卫者就没有行使正义的动机，因为他们不受任何人的支配。柏拉图的城邦建构在本质上依赖于正义自身作为善，或者说要以其自身为目的"。

威廉姆斯接受了尼采对于西方哲学，尤其是对西方价值哲学的诊断与批评。不过，他是以与尼采略为不同的方式来展开这些主题的。

第一，尼采对柏拉图以来的理性主义与道德主义的批评是对的，不过威廉姆斯是通过揭示哲学活动内部自身存在的困难来展示这一主题的。在《伦理学与哲学的限度》前两章中，威廉姆斯提出，我们可以通过伦理辩护以反对非道德主义者。但是伦理辩护的局限就在于，我们无法说服非道德主义者。在这里，非道德主义者的存在为伦理辩护活动划出了限制范围。通过反思伦理论证与辩护的局限，我们会发觉伦理辩护是镶嵌在一定的制度框架内的。如柏拉图所意识到的那样，伦理共同体的存在依赖于一定的政治权威。

第二，与伦理辩护的境遇类似，哲学的论证与辩护同样会遇到自己的局限。我们会发现，理性是有其力量的，但是理性的力量是有限的。在鲁汶大学的一个讨论班上，威廉姆斯曾就理性力量的问题回答了提问者的提问："很明显，人们谈论的是理性的力量的问题，不过我的观点显然不是柏拉图式的。柏拉图的问题是：理性的力量怎么能够成为一种社会的力量？问题即此。答案就是：通过社会权威的运用来达到这一点。舍此别无他途。（单凭）理性自身并不能够改变社会。康德认为（单凭）理性自身就能够改变社会。他的确考虑到了这一点，但是我们说，这一观点并没有得到社会的和历史的支持，如果你明白我意思的话。这一愿望没有能够得到满足。在他之后，又有一位哲学家试图告诉我们说理性能够改变社会，这位哲学家就是黑格尔，但是我们根本不相信他的设想，起码我，我们大多数都不相信……我可以告诉你我的观点：我认为，将论证的力量与哲学中的理性联姻，并认为这是改变社会的先决条件，这永远是一种错误的观点。但是进行彻底的还原，并认为所有的理性都只是一种随附现象，以其他方式而为我们所确定的变化是真正的动机力量，这样一种观点也同样是错误的。"

在威廉姆斯看来，理性、理性反思、理性的论证与辩护，这些被哲学家们认为是哲学核心活动的事情是有意义的，但是却并没有那些理性主义哲学家所认为的那样具有无可限量的意义。理性及其副产品总是需要跟社会其他力量与制度结合在一起，才能够发挥其作用。但是我们也并不能因此得出结论说，理性本身只是其他力量的随附现象。

第三，在对理性局限性的反思中，威廉姆斯提出，我们所处理的伦理概念与哲学概念总是依赖于一定的社会历史。"哲学与历史之间有着非常特殊的关系。"历史使得陌生的事物变得熟悉，使得熟悉的事物变得陌生。威廉姆斯把历史的这一重要作用称作"历史的要旨"。很显然，"哲学需要历史"，这一观念也是继承自尼采。同样，与哲学的其他概念一样，伦理概念在我们的实际使用中存在着厚薄之分。这一区分就是我们所熟悉的威廉姆斯对于"厚的概念"与"薄的概念"的区别。

第四，威廉姆斯不同于尼采的，是他从哲学论证活动内部来凸显这些论证活动所面临着的局限性。这一情况同样也见于威廉姆斯关于道德运气的著名主题。如果我们在读过威廉姆斯之后再回头阅读尼采的话，我们就可以感受到威廉姆斯对于尼采主题基本上都是接受的，二者在知识旨趣上重合率很高。但是尼采是从哲学论证活动外部，以其特有的直觉和格言体写作来直接捣毁柏拉图传统。而威廉姆斯在诸多问题上，尽管是全部接受尼采的天才直觉，但是是以一种比尼采更加温和的方式来处理的。最为典型的，就是威廉姆斯对于理性主义作用与局限的审慎界定。

第五，威廉姆斯在知识旨趣上与尼采的最大差异点，在于威廉姆斯对于价值多元主义的贡献。当然，我们知道，价值多元主义是自伯林以来才逐渐成熟的一个20世纪主题。之前的思想家有着多元价值的观念或对人类价值与生活多元性的观察，但是并没有形成系统的价值多元主义。而威廉姆斯不但继承了，而且在伦理学和政治哲学领域卓有贡献地发展了伯林以来的价值多元主义主题。

第六，与价值多元主义相关联，威廉姆斯强调了政治理论领域的现实主义主题。这需要从两个方面来认识。首先，与尼采不同，威廉姆斯与伯林一样，反对不要政府的政治乌托邦。而尼采的"伟大政治"则是不折不扣地"反政治"的。其次，我们知道，价值多元主义的主题丰富了当代政治哲学的讨论，它对政治哲学诸多的传统论证路线提出了挑战。本书将有专门章节梳理后边的这一话题。而在其中，它对自由主义的洛克路线、康德路线与密尔路线也都构成了极大的挑战。细究它对自由主义路线的挑战，恐怕我们仍然会迁回到威廉姆斯对于理性主义与道德主义的严肃批评上来。但是不管怎样，价值多元主义主题几乎是威廉姆斯与尼采在知识资源上唯一的不同之处。我们说这是知识资源上的差异，而不谈是知识旨趣上的差异，那是因为，如果尼采晚其时代一个世纪，他自己也许同样会赞成价值多元主义的主题。

第 3 章

偶然性、历史与哲学反思的局限

"哲学需要历史" 与 "历史的要旨"

威廉姆斯提出，历史的要旨（aim of history）就在于使熟悉的事物变得不熟悉，使不熟悉的事物变得熟悉。而哲学在传统上对于概念的考察与分析是均匀的和无厚薄的，这显然是对事实的一种不公正态度。因此，威廉姆斯提出，我们需要从忽视历史的哲学思考进入有历史的哲学思考。在这样的一种思考中，传统的对于信念体系的理性辩护就暴露出了它的局限性，而相对于辩护，历史具有一种优先性。对于信念的相对性的考察也必然要考虑到历史的这样一种优先性，所以，我们要以"距离的相对主义"来代替庸俗的相对主义。

威廉姆斯从"哲学需要历史"这样一个特殊主张入手，对于为自由主义进行论证与辩护的传统方式进行了批评。威廉姆斯需要历史的哲学的主张蕴含了他对政治哲学考察起点即多元主义和考察范式即竞争模式的特殊理解。可以说，"需要历史的哲学"就是威廉姆斯的哲学认识论，这一主张将使得他的政治哲学考察具有浓厚的历史感。

在其晚年的一篇访谈中，威廉姆斯谈道，他一直希望能够有时间写一些政治哲学方面的文章。"我有这样一个看法，分析的政治哲学是不会结出硕果的。我觉得（政治哲学）这一主题可以通过历史的方法来进行探讨，不过不是由我来做这件事情。许多分析的政治哲学已经在道德哲学中得到了应用。不过我认为政治哲学还必须从政治的观念入手。我希望能够写出一本小书，探讨政治哲学与晚近政治经验的密切关系。"在《泰初有为》一书中，威廉姆斯也提出："政治哲学需要历史。"

同样是基于对分析哲学效力的怀疑和对历史感的强调，威廉姆斯的挚友，20世纪卓越的政治哲学家以赛亚·伯林在许多地方都曾交代说，二战之后，他逐步离开了哲学领域，进入了观念史领域。

威廉姆斯在伯林逝世周年纪念会议上，凭借他对伯林思想和对哲学本身的理解，提出："当以赛亚说他在研究这些概念的过程中从哲学转向了思想史时，他并没有非常准确地表述自己的立场。其实，他是从一种忽视历史的哲学方式转向了一种不忽视历史的哲学方式。"威廉姆斯自己也认识到，自1959年奥斯汀去世以后，20世纪60年代以来的哲学发展已经使得哲学重新获得了一种自信的体制身份。尽管还有一些"哲学的终结"的说法，但那基本上已经是超越分析哲学的一种终结了。威廉姆斯认为，此后大家所考虑的已经是道德哲学或政治哲学的身份问题了。

的确，伯林宣称他退出了哲学，但是他事实上是从分析哲学所宣称的那样一种哲学研究方法中退了出来。"转向知识史为他提供了比那种哲学更适合他去做的工作，这些工作与人的特质更为接近。不过事实上它也提供了以另外的方式继续哲学工作的一种方法。它应和了这样的观点：政治哲学需要历史。这一观点现在得到了更为深入的认识，我相信这一说法也适用于道德哲学领域，在这一领域它当然也得到了更为深入的认识。"

"缺乏历史感是哲学家们的传统缺陷……所以从现在开始需要的就是有历史的哲学思考，以及伴随这种思考而应有的谦虚的美德。"尼采写于1878年的这段话，被威廉姆斯用在了他的最后一本专著《真与真实》（2002年出版）的卷首语中，并在他于当年10月17日发表于《伦敦书评》的评论文章《哲学为什么需要历史》一文中再次被引用。

《作为一门人文学科的哲学》一文被同为伦理学家的A. W. 摩尔称作是代表"威廉姆斯毕生著作观念的一个宣言"。在这篇于2000年发表的演讲论文中，威廉姆斯论证说：我们不应该像某些分析哲学家所主张的那样按照自然科学的研究方式或者所谓的"科学主义"来设想哲学和从事哲学研究，而应该把哲学本身理解为一门"需要历史"的人文科学。"对于我的论证来说，历史是重要的。这不仅仅是因为历史是人文学科的核心，而且因为，我将证明，哲学与历史之间有着一些非常特殊的关系。"

人们常说，学习哲学的人需要学习一些哲学史。这种说法表达了哲学与历史之间最为基本的关系。然而即便是这个最为基本的传统观念也并不是到处都被人所接受。20世纪大多数的分析哲学家似乎就不认为哲学史有什么好学的。好在到了20世纪后半叶，风气有所转变。同为分析哲学家的保罗·格莱斯（Paul Grice）就说过，我们"应当就像对待伟大的在世哲学家那样去对待伟大的去世哲学家，认为他们对我们是有话要说的"。

对于历史，政治哲学领域有着两种不同的态度，这两种态度都为威廉姆斯所反对。一种态度就如伯林所告诉人们的那样，他退出了哲学，他的工作是历史而不是哲学。另外一种就是罗尔斯后来对于他的《正义论》适用范围的说明，他告诉人们，《正义论》是对一特定时间的反思，这一反思只适用于现代多元国家这样的特定的政治形式。他认为他从事的是一种哲学的工作而不是一种历史的工作。但是很显然，在威廉姆斯看来，罗尔斯还是预设了一个特定的历史。

威廉姆斯主张的是一种充分考虑历史作用的哲学和政治哲学。这是由历史对于哲学观念所发挥的特殊作用决定的。历史的这一特殊作用，被威廉姆斯称作"历史的要旨"。威廉姆斯强调历史使陌生的事物变得熟悉，使熟悉的事物变得陌生，他把历史的这样一种重要作用称作"历史的要旨"。

在《笛卡儿：纯粹探究计划》前言中，威廉姆斯区分了观念史和哲学史。他认为前者是观念成为哲学之前的历史，它关注的是一部作品在当时意味着什么，它对当时那个环境的历史影响是什么。它打动的是我们的历史好奇心，我们在进行历史的追问。而哲学史则关注如何重构思想家原来的一套概念与哲学论证，重构必须是合理的，是有利于符合原貌的。很显然，我们要用20世纪的术语和判断来进行重构，所以它必然是以不同的方式历史地重现原来思想家的哲学关切，更多地关注这些哲学论证对于后来乃至现在的影响。在威廉姆斯看来，观念史和哲学史二者旨趣不同，但都面临着一个需要处理的历史（时间）距离问题。

而在《笛卡儿与哲学历史编纂学》一文中，威廉姆斯又旧话重提，指出哲学史关注的是历时的影响，很显然，顺着威廉姆斯的思路，我们可以说观念史关注的就是共时的影响。而且，不管是历时的影响还是共时的影响，我们必然都面临着一个相对于我们目前的"历史的距离"（historical distance）的问题。而正是这种历史的距离，使得它保持了它的哲学身份。也正是这种距离，使得它变得对我们有益。因为正是这种距离使得我们能够"展开过去的观念以理解我们现在的观念"。在这里，威廉姆斯引用尼采在《不合时宜的观察》中评价古典语文学的一段话来评价哲学史："我想象不出在我们的时代（它——古典语文学——的）含义会是什么，如果逆时代而行并不是不合时宜的话，如果这样做还会对我们的时代有什么影响的话，那么，让我们期望，（它）还会有益于未来时代。"威廉姆斯评价说："哲学史帮助我们服务于这一目标的方式之一，就是这样一种基本的我们都很熟悉的方式，（历史）使熟悉的事物显得陌生，反之亦然，不过我们需要了解如何才能更好地做到这一点。"

在这里，威廉姆斯提请我们牢记这一著名的历史要旨，历史的这一要旨可以使得过去的哲学变得不合时宜，并使那些按照我们的假设来说很熟悉的东西显得陌生。所以，哲学史不可能毫不丧失历史距离感地把它处理的对象看成完全是当前的东西，同时也不能把它看成完全是观念的影响史。而对于哲学史的合适态度就应该是运用我们所把握的哲学材料，以及我们的哲学理解，从过去的哲学中找到一个足够陌生的哲学结构，以使我们能够对我们当前的景况和我们所接受的传统图景及哲学素材提出疑问。

在为威廉姆斯去世后所出版的三本著作所作的书评《此时此地的观点》一文中，托马斯·内格尔评价说："尽管三本书所涉及的主题广泛，但是它们全因威廉姆斯敏锐的历史偶然感和对没有时间意识的哲学愿望的抵制而紧密地结合到了一起……他是我们这个时代最高理性秩序的哲学反思无须超越人类生活相当偶然特征这一观点的杰出代表。"威廉姆斯强调历史在使陌生的事物熟悉和使熟悉的事物陌生中的重要作用。"内格尔引用了威廉姆斯关于古希腊奴隶制和现代经济不平等问题的一个讨论:

> 希腊关于奴隶制的一个标准观点不是说它是一个公正的制度,同样,也不是说它是一个不公正的制度……他们的观点更应该说是:这一制度是必要的,对于那些屈从于这一制度的人,这是一个坏运气。在这个意义上,它没有正义问题的考虑。

> 对于我们来说,不能没有这些考虑,这一制度是一个不正义的范式。不过,这并不意味着那些和我们一样的传统上的物质的,经济的或社会必然性与坏运气的考虑无助于我们对于我们社会生活的思考。我们时刻在运用到这些东西。很有可能我们有这样的期望:任何一个社会关系或经济关系都不应该排除对于正义的考虑。我们对于正义的期望达到了这样的程度,我们要么以正义来替代必然性和运气(左翼的观点),要么想表明必然性和运气的结果可以是公正的(右翼的观点)。任何一种方案都没有能够足以成功地让我们去认为在这些事情上我们已经决定性地超越了古代人的伦理景况。

内格尔说:也许正是因为威廉姆斯相信不存在一个从绝对的观点而作出的判断,所以他认为比如说在我们坚信所有公民都有着平等的权利这样的一个要求和拒绝判断过去的等级社会是不公正的这两者之间并没有冲突,我们的信念不因历史的自我意识而受到破坏。在这里,威廉姆斯还机警地补充说:"这并不意味着，像罗蒂所主张的那样，我们注定陷入一种反讽的立场，一方面坚持自由主义的实践，另一方面又坚持对于它的反思性批评。这一立场本身还是笼罩在普遍主义的阴影之下：它认为，除非你主张自由主义能够应用于每一个人这一点是真的，否则你就不能真的相信自由主义。"

历史使熟悉的事物显得陌生，也将使陌生的事物变得熟悉。这一看法关联着威廉姆斯薄的概念与厚的概念的区分。特定的历史特征的消失将使得厚的概念逐渐失去其依托，我们将逐渐留存一个只具有一般指导意义的薄的概念。友谊和勇敢，在古代希腊罗马的文化中是两种备受推崇的美德。即便是现代商业社会中的人们仍然能够通过文献来记住乃至了解这两个概念的基本含义，它们在当代生活中已经不复拥有它们在古代希腊社会中那样一种至上的地位，也不再拥有那个文化所赋予它们的丰富的指导行为的规范特征。前述关于古代希腊正义观与现代正义观的差别也表明了历史所具有的这样一种神奇魔力。我们有时甚至可以说历史所具有的这样一种功能是历史对于我们人类的一种巧妙保护。

当然，威廉姆斯也承认我们可以通过学习部分地将薄的概念变厚，这将使得我们有可能部分地恢复我们的历史记忆。而更为重要的是，在威廉姆斯看来，一个薄的观念要想真正地应用于我们的生活，就必须让它厚实起来。在政治生活中，我们可以通过建构的方法来完成这样的一个过程。在《圣茹斯特的幻觉》和《从自由到自由权：一种政治价值的建构》等文章中，威廉姆斯就在着手尝试进行这样的一种建构。这也是威廉姆斯对于前边讲到的"如何才能更好地做到这一点"的尝试性回答。

威廉姆斯对于"历史使熟悉的事物显得陌生，也将使陌生的事物变得熟悉"这一历史要旨的揭示，还关联着他对相对主义和价值多元主义假设的看法。我们生活在一定的历史之中，事物的熟悉与陌生是相对于我们而言的。因此，我们可以逻辑地推知，有相对于我们的不为我们所熟悉的其他信念系统，而其他信念系统与我们的关系最好不要用"庸俗的相对主义"来处理，威廉姆斯建议用"距离的相对主义"来看待和处理这些信念系统。

反思与实践的关系

哲学反思关联于我们的抽象，关联于我们对于问题的一般化处理，关联于论证、劝说与一种反复辩驳式的合理性概念，并且最终，关联于哲学传统在有意无意之间形成的一种对于哲学力量的期望。哲学反思强调人类积极主动地运用理性来审视和考察我们既有的行为活动，同时审视和考察我们对于这些行为活动的总结思考。有一种对于哲学反思的正面期望，就是期望并且认为人类通过反思能够驱除思维的谬误，矫正行为的准则，让人类的行为走上正确的道路，使人类能够免于运气与错误的干扰。很显然，哲学反思期望对于我们的人类实践有所作为。

针对人们对于哲学反思的这样一种期望，威廉姆斯在其名著《伦理学与哲学的局限》一书中提出，古与今之间的紧张，或者说反思与实践之间的紧张，是他这本书反复讨论到的基本话题。他认为古代哲学更多地将人类生活归结于运气，更少借助还原理论单一地诉诸合理性概念来解释人类生活。通过诉诸理性的力量，近代以来的伦理学理论寻求一种伦理一致性；通过诉诸道德免于运气的主张，近代以来的伦理学理论试图为人们构造出一种简单和谐的伦理生活画面。威廉姆斯对这两点均表示出了反对的态度。也就是说，威廉姆斯怀疑人们对于哲学反思所寄予的这样一种期望，同样怀疑在这样一种期望下所产生出的种种道德主张。在该书中，威廉姆斯的一个著名论断就是：哲学反思是有其力量的，但是反思的力量是有限的。这一主题后来在《作为一门人文学科的哲学》一书中得到了进一步强化。他认为，哲学不能告诉我们如何生活。这一主张无疑会让许多道德哲学家感到沮丧，同时也蕴含着这样一种观点：伦理学应该免于受到人类理性的批评，或者起码这样的批评应该大为缩水。这样一种观点可以被看作是关于哲学与伦理学的一种紧缩论主张。

作为哲学的一个领域，道德哲学的主题紧密关联于人如何生活的问题。而该书的书名《伦理学与哲学的限度》则表明，威廉姆斯这本名著的主题之一就是考察在多大程度上我们可以合理地期望哲学能够帮助我们回答这一问题。

在回答人如何生活的问题上，传统哲学认为人都起码有理由过一种伦理的生活。亚里士多德将这种理由奠基在人性的基础上。康德在回答这一问题时，依赖于这样一个基本的事实：任何有能力提出如何生活问题的人都具有实践理性的能力。这样，康德就必然假定，理性的存在者将合理性的价值看得比其他任何价值都要高。而在威廉姆斯看来，单凭合理性概念本身并不能够成功地让我们相信这样一种合理性观念，伦理生活并非无可避免地受限于合理性。如果一个人已经具有了一种伦理禀赋的话，伦理生活就已经得到了合理的确证。

在这里，我们可以区分出"积极的伦理理论"与"消极的伦理理论"。伦理理论是指对"什么是伦理思想与实践的理论说明，这种说明要么主张，对于基本的伦理信念与原则可以给出一个一般性的检验，要么主张不能给出这样一种检验"。积极的伦理理论认为，伦理理论可以告诉我们伦理思想是什么，我们应该如何做，那样做的实质性后果是什么。消极的伦理理论则认为，人们的道德实践与伦理体系无涉，任何体系都无法给出我们应该如何生活的建议，也无法检验我们伦理信念与原则的正确性。前者以康德式伦理学和功利主义伦理学为代表，后者以存在主义的道德主张或情感论为代表。

能否给出伦理信念与原则一个检验，这个问题牵涉到伦理学中的真理是否存在的问题。客观主义的道德理论能够提供一个具有普遍性的原则集，而主观主义的道德理论则否认存在着独立于个体能动者的道德真理。威廉姆斯自己的态度介于这两种主张之间。他认为，起码在一些有限的领域，我们可以发现道德的真理。但是，这种道德的真理并非一种普遍的原则，也无法通过一般性的检验。也就是说，在道德真理的问题上，威廉姆斯对普遍原则和一般性检验持一种怀疑态度。伦理思想的本性不能够通过纯粹的哲学说明来获得。因此，威廉姆斯对于伦理真理的怀疑态度，事实上是其哲学怀疑论立场的一个具体体现。而在威廉姆斯的这本著名论著中，威廉姆斯关于伦理学局限性的思考，关联于他对哲学本身的局限性的思考。威廉姆斯是在借着对于伦理学问题的反思，来系统传达他对哲学这门学科局限性的反思。

威廉姆斯反对具有普遍性的道德真理，主张在特定时代特定社会中具体的伦理体验。这样一种主张与休谟思想有学理相承。这样一种与休谟相关联的主张可归结为对于人的一种一般性描述。就是说，在休谟（也包括斯密）和威廉姆斯这里，人都是"具体的和内嵌的"（embodied and embedded）。在一种强的意义上，休谟曾经说过："先有财产权制度，才有财产权观念。"斯密也在其《国富论》开篇提出：人们以业陶冶自己的天赋才能，人的能力是分工的产物。这样一种观点可以统一到这样一个主张中："人为社会所形塑。"我们可以将他们关于人的基本主张归纳为：1. 人生活在一些具体的文化历史情景中。因此，像休谟那样，他们反对"自然状态"假设。人生来都不是无牵挂的。2. 人的理性是嵌套在特定的情景中的，它是人的自然演化的一部分。3. 人的道德感与价值观也都是由这些特定情景所规定了的。

我们完全可以假定威廉姆斯熟悉这些基本主张。不过从威廉姆斯的伦理学工作来看，他似乎只是部分地接受休谟和斯密的基本立场，起码没有完全以斯密那种具有社会学解释特征的理论理解来从事哲学反思工作。不过，可以肯定的是，威廉姆斯继承了休谟理论中的自然主义立场，并进一步强化了英国思想传统中的个人主义立场，威廉姆斯强调："社会与伦理生活必须基于人的不同性情。正是不同性情的内容，这些性情的可理解性以及它们的特殊性程度，使得不同的社会显得不同，并且成为对现代社会不同解释的争点所在。"

跟休谟与斯密一样，威廉姆斯关照到了文化与历史情景对于人伦理实践的影响。但相对于威廉姆斯的性情观念，休谟与斯密反倒并不特别强调人的生物学特性。20 世纪 70 年代和 80 年代，威廉姆斯提出道德行动的内在理由说，并且强调性情在伦理生活中的作用。在其 80 年代后期到 90 年代的文章（见《理解人性》一书）中，他进一步强调了生物进化与心理分析在理解人的道德面貌中的作用。而在 90 年代的两本代表作《羞耻与必然性》和《真与真实》中，他更是进一步探讨了我们的伦理概念的历史发展以及这些概念与我们的本真生活的关系。这样一个线索表明了威廉姆斯存在着这样两个趋向：第一，突出强调历史与文化政治在理解伦理概念中的作用；第二，同时强调人的生物性和基于个体的伦理性。两个趋向与道德哲学史的关系都是复合的。在第一个趋向中，威廉姆斯部分继承了休谟的人的观念乃是传统习惯所塑造的主张，但是也部分超出了休谟的这样一种主张，更多强调了观念内涵随着历史的变化而产生厚薄变形。其文化相对主义则有现代多元主义的背景作支撑，这一点已经与休谟有很大的差异。在第二个趋向中，他一方面强调我们的生物属性在塑造伦理生活中的基础作用，另一方面认为人有独特的，优先于群体交往的本真特性。但是强调人的生物属性和本真特性的优先性，必然会与关于规范的约定论主张相冲突。威廉姆斯看来并不反对规范的约定特征，但是却仍然强调人的生物属性和本真特性的优先性，这就必然使得他的伦理学主张产生内在张力。尽管威廉姆斯给出了自己的偏好回答，但是这种回答尚不足以解释这种张力的含义。

在我们上述所考察的意义上，我们可以判定，威廉姆斯的伦理学主张只是部分接受了休谟的主张，而在更多的细节上，威廉姆斯修改了休谟的主张。

尽管威廉姆斯批评近代以来，尤其是自康德以来，哲学理论过于夸大了理性反思的作用，但是他也认为，与人们通常所讨论的现代性相关联，理性反思的力量在近代以来的确被大大强化了，并且因而进入现代人的生活中，构成了现代生活的一个基本特征。这一主张在他的《泰初有为》一书中被再次提起并强化。在那里，威廉姆斯提出，现代性+理性=自由主义。而人类一旦进入这样一种生活形式中，这种生活形式就已经是不可逆转的了。

威廉姆斯要做的工作，就是区分反思的生活与非反思的生活。提醒人们，反思的生活即便是不可逆转的，人们仍然有理由生活在一种非反思的状态中。伦理实践最为重要的部分，恰恰表现为非反思性，而且表现为对于特定的文化与历史情景的依赖。这样一种依赖表明，人类的伦理实践活动是厚实的而非单薄的。在威廉姆斯这里，伦理思想体现为两个层面：反思层面与非反思层面。威廉姆斯主张，在非反思层面的成功判断（具有伦理知识）既独立于在反思层面特定伦理判断之真，也独立于在该层面特定伦理判断所依赖之知识。在《伦理学与哲学的限度》跋中，威廉姆斯就特别提出，他自己正是将是否依赖于理性推理的反思活动看作是古代与近代伦理学考察方式的最大不同，而在这样一种背景之下，他这本书的宗旨就是考察反思活动与人类伦理实践的关系。

威廉姆斯所说的"伦理判断的非反思层面"，指的是人们在日常生活中的伦理判断活动。这样一种判断大都用一种厚实的概念来加以表述："这个人是慷慨的""他真的很勇猛"。这些判断嵌套于一定的社会世界中。而当我们从特定的社会世界后退，批判性地去考量这些嵌套于特定社会世界的伦理判断与价值是否是我们应该拥有的最佳概念时，我们就进入了一种反思层面。前者是一种一阶活动，而后者则是一种二阶活动。

毫无疑问，对于是否可以以这样一种方式来区分出这两个不同的伦理判断层面，不同的思考者会给出不同的回答。可以肯定，有一部分思考者会不同意这样一种划分。因为他们相信，不存在着一个只在非反思层面进行伦理判断的能动者。任何人的伦理判断都是在经过反复考量后作出的。或者说，一个伦理实践者总是会在一定的情景中对不同环境作出响应。

这样一种疑虑的指向并不是空的。但是认为一个伦理实践者总是对不同环境作出响应，这样一种判断同样是过强了。我们可以在描述的意义上，通过我们观察伦理实践者的行为，区分出规则敏感型个体与环境敏感型个体。前一种个体在大多数情况下会信守一定的规则，不因环境情况的变化轻易改变自己的伦理判断倾向；后一种个体则在环境情况变化后，随时根据环境情况的变化对于自己的伦理判断作出调整。可以肯定，起码规则敏感型个体在多数情况下符合威廉姆斯所描绘的非反思特征，他们依凭自己的直觉或文化禀赋，非反思地完成了特定情景中的伦理选择。只有在环境敏感型个体那里，我们才更多地观察到了对于环境与规则的反复考量，也即我们所说的反思行为。而且，这样一种反思也不同于完全理论意义上的概念反思。

在积极的伦理学家看来，一个人真正应该做什么，对于这一问题的回答首先应该是由最好的伦理系统来决定，其次应该将这一伦理系统应用于这个人的特定的环境。因此，反思层面的知识，特别是最佳伦理系统的知识，应该成为直接实践层面知识的先决条件。而消极的伦理理论则不认为这种反思层面的知识是可能的，他们或者认为，甚至不存在直接的实践层面的知识，或者认为道德判断的正确标准完全是由判断发生的社会环境所决定。后者通常不可避免地会陷入一种相对主义。

而在威廉姆斯看来，反思的伦理思考既是可能的，也是一件好事。如前所述，他认为这是现代世界不可避免的一件事情。但是对于这样一种反思的生活，威廉姆斯的态度要比积极的伦理学家来得更加消极。他有一个著名主张，就是认为"反思会破坏知识"。

在威廉姆斯看来，我们的理论反思不大可能让我们形成一种优越于我们第一序实践的伦理概念或伦理原则。而且，即便我们是在对我们自己文化中的伦理概念或原则进行一种批评性评价，我们也仍然是这个文化中的一员。我们的哲学反思不可避免的是由此出发的。与此关联，如沃尔夫所言："将这两点放在一起考量，将警示我们应该谨慎地去评价其他文化中的人们的价值与实践——对于这些价值与实践的公正评价应基于对于这种文化的一种更为广阔的历史理解与社会理解。我们也许并不具备这样一种理解。而且，即便我们拥有这样一种理解，我们的判断也是由我们自己的历史文化中的偶然价值所赋予的。"这就意味着，对于不同于我们自己文化的其他文化中的价值，我们只能持有一种威廉姆斯所说的"距离的相对主义"的立场。

面对哲学史上如此众多的理论，我们完全有理由追问：我们面对的到底是哲学问题，还是哲学家的问题？通常情况下，我们会面临大量由哲学家制造出来的问题。这个时候，我就建议我们要听一听威廉姆斯给出的忠告，这个忠告经过精简，可简要地表述如下："不要以为我们用语言表述了一遍世界，世界就是我们用语言所表述的那个样子"。而威廉姆斯原来的表述如下："并不是说只要我们向我们自己表述了我们的实践，我们就从这一表述中找到（看到）了我们信念的基础。一种实践与一套信念之间并不是前提与结论之间的关系，也不是两套命题之间的任何其他关系。"

理性反思有其力量，但力量有限

在威廉姆斯看来，由于哲学知识不具有自然科学知识那样的客观性，因而其真理判定需要在一个相对主义信念体系的框架中去完成。而信念体系的相对性意味着我们需要历史地去考察信念体系得以成立的条件和概念的演化与变迁。基于这样一种考虑，威廉姆斯提出了"距离的相对主义"的看法，提出哲学是一门"需要历史"的人文学科。人文学科，包括哲学，有自己完全独特的特性，因而也应该有着不同于科学研究的新的方法。哲学总是在处理不同观念，和所有其他观念一样，哲学观念是有历史的。但是这样的一个历史维度并没有得到特别的证明。

威廉姆斯特别以伦理观念和政治观念为例，来说明哲学历史维度的证明是一种特殊形式的证明。在伦理观念和政治观念领域，如果我们被问到为什么我们使用这样一套观念而不是另外一套观念，比如说，使用我们现在所采纳的有关平等和平等权的观念，而不是较早时期的等级观念，我们可能设计一种论证（argument），来为我们现在的观念辩护（justify）。我们同样也可能反思一段历史叙述（a historical story），来看一看怎么就是这样一些观念而不是另外的一些观念成为我们现在所采纳的观念，看一看现代世界及其特殊期望是怎样取代古代制度的。回头我们再来看一看我们对于历史叙述的反思与前边我们所设计的对于观念进行辩护的论证之间的关系，我们就会认识到，我们对于这一段历史的叙述正是那些论证本身形成的历史。一些被人们所广为接受的对于自由主义的论证采取的正是这样一种并行形式。

传统意义上的哲学论证与历史叙述是同一的，这是威廉姆斯提出的第一步看法。

假如我们来思考这种论证形式何以占了上风，我们可能就会看到，它们确实赢了，但是这并不表明一定是他们的论证赢了。因为如果假定他们已经赢了论证，那么旧体制代表们的改变应该是激进的和彻底的，他们就不得不与自由主义者一起完全接受论证所涉及的新观念，也不得不赞成某些自由主义者所说的某种理性或自由的目标。但是起码在整个过程结束之前，没有理由表明他们接受这一点。就连自由主义者所提倡的自由、理性等相关观念本身也是处在变化中的。在这双重的意义上，并不能够说自由主义者本身赢得了论证。所以，威廉姆斯说，对于自由主义占据上风的解释并不是一种有效的辩护。它更多是让我们看到，我们的观念与主张忽然占据上风颇具历史偶然性。当然，这种偶然性对于我们来说也许并不构成问题，它并不影响我们对于我们信念的信心。但是，我们的观念偶然流行而非得到充分证明这一事实必然影响到我们对于这些观念的评判态度。

泾渭分明的观念论证无法保证其有效性，威廉姆斯建议借用库恩的范式观，提出用"解释的危机"来说明这种社会观念的变迁。假如社会发生了危机，对于具体给出什么样的解释，各方未必会有统一的看法，但是在很大程度上，他们都会同意，发生了解释上的危机。这是对历史存在问题的一个比较好的辩解模式。但是具体到政治观念和伦理观念，威廉姆斯认为，由于地缘扩张和很长一段时期以来各种各样的历史过程的发展，旧的政治秩序和伦理秩序已经转变成现代性的政治秩序和伦理秩序。而现代性是由多种危机推进而成的，并不单单是解释的危机。所以怎么就是这一种观念而不是另一种观念来为新的正当性提供基础，这并不是一下子就能够得到辩护的。

对于现代观念的确有过一些不同的历史性辩护，如（a）历史的展开，（b）启蒙的成长，（c）自由和自律的充分实现，等等。这些辩护性说明比如由黑格尔和马克思所提供的（a）有时并不受欢迎。而在英国经验论的传统中，（b）也没有受到太多的关注。并不是说他们否认这些观念，只是说他们不去提到这些看法。不提这些看法，部分原因在于他们不相信这些看法，部分原因在于，加入这样的历史不属于他们所熟悉的哲学约定的一部分。

但是，要想知道什么样的反思态度支持我们的观念体系，威廉姆斯强调，我们必须参与到这样的讨论中。因为，有一个得到辩护的观念史与空口说早期的观念就是错了，二者之间还是有差异的。在缺乏辩护的解释中，判断的内容毕竟显得很单薄。

尽管如此，"（对哲学概念与观点的辩护）并不是问题的关键。真正的问题牵涉到我们对待我们自己观点的哲学态度。除了在把我们的观点与其他人的观点进行比较时需要一定的辩护及其相关活动外，哲学家要想从根本上理解我们的伦理观念就不能完全忽视历史。原因之一就在于，在很多情况下我们的概念内容是一种偶然的历史现象。理由当然还不止这一个。拿一个我目前正在处理的问题为例，在谈到与真实相关联的德性时，我认为很明显的是：既然存在对于诸如确切（获得真信念的意愿）、诚挚（倾向于讲出某人相信为真的东西的意愿）等性质的普遍的人类需求，其中所体现的这些倾向与动机的形式就具有文化的和历史的多样性。一个人要想理解我们自己对于诸如此类事情的看法，并且希望从哲学角度讲任何人都能够进行如此相应的理解，比如说，希望能够消除关于这些不同价值及其不同含义之基础的困惑，那么他就必须努力理解为什么这些价值在这里采取了这种形式而不是另外一种形式，而他也就只能借助于历史才能做到对于这样的问题的理解。而且，存在着诸如此类的一些美德，例如某种形式的诚实与正直，整体上来说它们很明显的是一种偶然的文化发展的产物；如果西方的历史没有采取某种特定的发展历程，那么它们就有可能本来都还没有演化出来。基于此双重理由，对于我们观念和动机的反思性理解——我认为大家都会同意这是哲学的要旨之一——就必将包括历史的理解。在这里，历史帮助进行哲学理解，或者就是哲学理解的一部分。哲学不得不学会这样的教训：概念描述（或者更专门地说，概念分析）并不是自我充分的；从人类生活的普遍条件中把我们的概念先验地引出的那种计划，即使确实有其地位（在哲学的某些领域中比在哲学的其他领域中具有更高的地位），很可能会留下很多激发哲学研究的特点得不到说明"。历史可以以一种特殊的方式帮助我们理解我们的观念看来并不是融贯的。

我们可以把威廉姆斯在《作为一门人文学科的哲学》这篇文章中所表达的这种观点称作"历史相对于辩护的优先性"。历史的这种优先地位，表明我们在看待伦理观念和政治观念的有效保证问题时，首先应该从逻辑的论证更多地转向历史的考察。历史向我们提供了理解哲学概念之内容的更为牢固的基础和根据。只有通过历史的方法，我们才有可能发现诸如"对于现在的我们什么是可能的"这样的问题。在威廉姆斯看来，只有这样的问题才是与我们的政治生活和道德生活相干的考虑。当然，在这里，还需要强调，威廉姆斯并不反对概念分析和理性辩护的作用，他只是希望我们能够不把概念分析和理性辩护作为我们最终的、唯一的、不可动摇的理据。

在"历史、道德与反思检验"一文中，威廉姆斯批评了科斯嘉在考察道德规范起源问题上所采取的康德式的理性主义立场，认为她只强调了个体的理性反思，而忽略了历史发展。而

"如果一个人接受了历史和社会发展对于普遍化的道德出现来说的必要性这一观点——很难否认这一点——他就面临着几个著名的黑格尔式问题"。威廉姆斯提出了两个黑格尔式的问题。第一，许多历史活动以不接受普遍化的道德为前提，那么你是否承认在普遍化的道德出现的诸种条件中，这些历史活动也应该包括在内？"如黑格尔自己所问，康德主义者真的希望康德式道德已经具有压倒优势？"第二，为什么一定要假定历史止于康德？毕竟，在康德之后，历史事实上再次从康德到了施莱格尔（Friedrich Schlegel），又经黑格尔到了尼采。威廉姆斯认为，既然科斯嘉表现出了与她的许多康德路线的同路人不同的立场，已经开始严肃地考虑历史范畴，她就不得不解释，在那样一个历史中为什么康德时刻（Kantian moment）是特殊的？怎样解释这一特殊历史事实？又怎样解释在康德时刻来临之前的历史发展？

威廉姆斯对于理性在人类生活中的作用抱着一种非常谨慎的态度。在1998年卢汶大学的一次讨论班中，威廉姆斯在回答讨论班同人提问时，谈到了他对于理性与人类生活的关系的主张："很明显，人们谈论的是理性的力量的问题，不过我的观点显然不是柏拉图式的。柏拉图的问题是：理性的力量怎么能够成为一种社会的力量？问题即此。答案就是：通过社会威权的运用来达到这一点。舍此别无他途。（单凭）理性自身并不能够改变社会。康德认为（单凭）理性自身就能够改变社会。他的确考虑到了这一点，但是我们说，这一观点并没有得到社会的和历史的支持，如果你明白我意思的话。这一愿望没有能够得到满足。在他之后，又有一位哲学家试图告诉我们说理性能够改变社会，这位哲学家就是黑格尔，但是我们根本不相信他的设想，起码我，我们大多数都不相信……我可以告诉你我的观点：我认为，将论证的力量与哲学中的理性联姻，并认为这是改变社会的先决条件，这永远是一种错误的观点。但是进行彻底的还原，并认为所有的理性都只是一种随附现象，以其他方式而为我们所确定的变化是真正的动机力量，这样一种观点也同样是错误的。"

威廉姆斯关于"历史相对于辩护的优先性"的看法，在他的政治哲学研究新模式即政治现实主义中得到了体现。威廉姆斯反对当代对自由主义的康德路线的辩护和密尔路线的辩护，认为前一条路线夸大了自律和理性的作用，后一条路线则把人分解为一个个可以以效用来度量的事态。威廉姆斯自己主张用政治对手的观念来理解政治中的参与者，用价值和权力的竞争来观察和说明基本的政治现实。他的这个观念，继承了多元主义关于价值竞争的思想和现实主义关于权力冲突是人类政治的永恒特征的看法。而价值和权力的竞争将使得我们对于政治的理解建立在更加现实的立场上，从而与具有理想主义色彩的康德主义和密尔路线拉开了距离，形成了一种新的现实主义的解释模式。

辩护就是为信念寻找充分的根据，并使之成为自我融洽的论证体系。传统的对于自由主义的论证和辩护模式存在着重大的缺陷。正如威廉姆斯在前边所讲到的，它最重要的缺陷就是把对手排斥在外，只为已经相信它的人提供了更为充分和丰富的信念理由和根据。而威廉姆斯提出并希望寻找到的解释的危机模式旨在寻找一种更加符合历史的叙述，把在辩护模式中被排除的对手也包括进来。对于自由主义的解释模式的这一转换有着很大的理论意义，它直指传统自由主义理论论证的不足，力促把包含不同价值观念的政治各方包容到一起。这在逻辑上就必然要求承认价值多元，承认政治对手的存在是同样合理的事实。在当代政治生活中，南非的"宽容与和解"运动构成了威廉姆斯心目中的完美例证。在这样的一种理论引导下，威廉姆斯把自己关于政治的观念指向了多元主义和现实主义。

当然，事实上，威廉姆斯关于价值竞争和政治冲突的现实主义特征将更多地在标准现实主义的国际政治领域得到检验，而在国内政治中，威廉姆斯的政治现实主义特征将受到一定程度的限制。

威廉姆斯批评传统的以理性为中心的论证和辩护，寻找一种可以为各方都承认的解释模式。不过他并不反对对于政治理论的论证辩护，只是认为这种论证和辩护所起作用有限，甚至还可能只是一种随附性的解释，容易扭曲政治的真实面貌。而他关于历史在人类观念中所起作用的看法，将提醒我们更加警惕缺乏历史感的辩护行动。

以伯林和威廉姆斯为代表的多元主义在根本立场上坚持自由主义。他们并不反对近代以来逐渐演变成为主流生活方式的自由主义传统。但是对于自自由主义逐渐成为人们的政治生活方式后所伴生而来的各种解释，尤其是康德路线以自律和理性为概念核心的论证解释路线和密尔路线以效用为概念核心的论证解释表示反对。威廉姆斯把这两派统称为对于政治理论的道德主义解释路线，他提出现实主义的解释模式来对抗这种道德主义解释模式。

从知识社会学的视角来说，对于自由主义的不同解释模式之间是一种竞争关系。威廉姆斯是在用一种新的解释模式来对抗和替代原有解释模式。

道德与伦理

如威廉姆斯自己所强调，反思与实践的关系问题是其著作《伦理学与哲学的局限》一书的思考主线。这个主线在伦理学中的体现，就是道德与伦理的区分。

我们会使用"道德哲学"（moral philosophy）与"伦理学"（ethics）这两个不同的术语。它们分别来源于希腊语和拉丁语。本来，道德更强调人的"性情"（disposition）或者说个人品格，而伦理更强调社会风俗习惯。但是随着历史的发展，作为名词的"道德"（morality）更多地被理解为伦理学的一种特殊发展，拥有了更为特别的意义。它更多地与义务（obligation）概念联系在一起，成为一种具有奇特预设的概念。而这种奇特预设正是威廉姆斯所要加以批评的。为了区别这种具有奇特预设的概念，威廉姆斯主张用"伦理的"来作为更为广泛的道德哲学概念。

道德与义务概念关联，而义务概念与责任（duty）概念关联。这些概念的共同特点，就是传达了一种非自愿性的基本承诺。也就是说，它们所提出的一些强制性要求不是出于行动者意愿的。这些承诺之所以是可以给出的，是因为我们就是这种社会环境或社会结构的一部分。它们体现了人们从角色到契约的转变。

而另一方面，仍然存在着一些德性，存在着一些"伦理上让人敬佩的品格性情"。这些性情直接与伦理考量相关联，因为伦理的理由而非制度的理由而激发人们去行为。一个人行正义之事或勇敢之事，这只是因为他具有正义或勇敢之德性，而不是因为一种社会结构要求他这么做。一个仁慈之人因其仁慈而行仁慈之事，一个谦和之人因其谦和而谦和。对于这些德性本身的描述并不出现在这个人如此行动的考量中。

传统的道德体系"把道德实践推理解释成各种义务"，在威廉姆斯看来，这就颠倒了实践推理与义务的关系。事实上，义务不过是实践推理与实践慎思要同时加以考量的因素之一而已。道德义务不过是实践结论的一部分，一个义务需要付诸一个人的某项行动。而行动则意味着这个义务应该是在这个能动者的能力范围之内。"应当意味着能够"，这是一个著名的主张。它表达了一个具体的义务之为义务的条件。能动者是在实践中得出这个结论的。但是如果我的慎思触及了我不能够做到的某个事情，那么我就必须再作慎思，而不是被困顿于一个无法完成的义务中。

另外，传统道德体系认为道德义务是不可能冲突的。也就是说，如果我有义务做 x，并且有义务做 y，那么我就有义务做 x 和 y。因为我有义务去做的事情应该是在我的能力范围内的。但是在日常意义上，"义务显然可以是冲突的"，遵照罗斯（D. Ross）的用法，我们可以区分表面义务和实际义务。表面义务是经由我们的道德考量而得出的一个结论，这个结论成为我们实际行动的备选。如果没有其他更为重要的义务，表面义务将成为我们道德考量的正确结论。而如果我有更好的更为紧迫的理由破坏原有的考量承诺的话，那么我就获得了实际的义务。

这种颠倒使得传统道德理论形成了一种"义务进，义务出"的原则，不必要地为我们实践中的个体增加了义务原则，同时在方法上也颠倒和扭曲了我们的实践活动与道德义务的关系。正是由于这种颠倒，威廉姆斯称传统道德体系为一种"奇特的体制"。

威廉姆斯提出，哲学不应该企图制造伦理理论。在伦理学中，还原的企图得不到辩护，也应该消失。还原论试图把所有的考量都归为一种最基本的考量。还原论的这种主张依赖于一种合理性假设，就是认为除非存在可比较的共同考量，否则两个考量就不可能得到合理的比较。现代世界所采用的这种"具有理性特征的合理性概念"（rationalistic conception of rationality），是奠基在对于公共合理性的特殊理解基础上的。这种理解要求任一作为依赖基础的决定都可以得到论辩性的解释。而在威廉姆斯看来，这一要求事实上是不能得到满足的。

《伦理学与哲学的限度》一书批评那种认为哲学反思只凭借自身就可以产生伦理规范的想法，批评这种主张脱离人们的社会语境和心理特殊性来塑造人们的世界观。而在威廉姆斯看来，道德义务的概念与个人的性情、旨趣和社会角色密切相关，与个人作为共同体成员的生活息息相关。

维特根斯坦，约定论与多元主义

在《维特根斯坦与观念论》一文中，威廉姆斯讨论了维特根斯坦关于唯我论（solipsism）的主张。威廉姆斯认为，维特根斯坦对于唯我论的克服，表现在他从《逻辑哲学论》时期以我（I）为中心转移到了《哲学研究》时期以我们（we）为中心。而在进入对于"我们"的讨论之后，就可讨论人的交流体系与语法逻辑体系了。后者是一种非经验的超验观念体系，体现的是由语言本身所构成的世界图景。在这样的一种图景中，按照维特根斯坦的说法，"我们属于一个共同体"。在这样一个共同体中，理由只能在语言游戏中给出。受到该游戏的限制，我们的表述模式就是一种语言游戏。在这种游戏中，语法不可被辩护（justified），语言游戏本身也无所谓合理与否，它就在那里，一如我们的生活本身。在维特根斯坦的这样一种世界图景中，我们的经验由我们的生活形式所决定。我们关注想象力与功能评价，目的是拓展属于我们自己的想象，用我们自己熟悉的观念去理解不同的实践，从而加深我们自己对于实践的理解，从而从我们自己的内在观点出发去考虑别人。在这样的一种图景中，"想象中的另一种可能不是相对于我们的另一种可能，而是为了我们而（产生的）另一种可能"。不管走多远，我们都生活在我们的世界中，这意味着我们并非看到了差异，我们只是放弃了去看。

维特根斯坦的观念论与语言游戏主张给出了规则体系所具有的规范性的一个新说明，这个说明被我们称作约定论。约定论主张，规则体系中诸规则的规范性是约定的和偶然的，语言的规范特征是对于经验实在的镜像反映。无论是我们对于规则的遵守还是对于规则的共享，都依赖于主体间的相互同意。而这样一种相互同意具有约定性和任意性。当然，这种同意到底在多大程度上是任意的，这一点仍然需要讨论。社会同意维系了语言的系统特征，它是事实上存在着的规范性本身的来源，这种同意本身是无法超越自身的。"这意味着经验世界的体验条件是一种前经验的和准超验的，其本身事实上是一种事实性的和实践性的，它只能够被言说和理解实践所展示，而不能够被表述。"在这个意义上，我们说维特根斯坦反对任何形式的基础主义。

维特根斯坦的观念论和约定论主张说明了规范性的来源问题，而这些主张同时也可以用来说明多元主义这一概念。并不存在着被称作语言的根源与本质的东西，语言的实在结构是分为不同层级的，具有多样性。语言陈述的规范性根源于事实性。维特根斯坦的这种主张被达米特称作"血肉丰满的约定论"主张，这样一种主张认为语言的界限就是人的理性的界限，人的语言游戏活动是在具体的语境中进行的，不同语境之间的语言规则具有不可交流性与不可通约性。因此，也就不存在康德主义者所认为的那种能够超越不同约定语境的自主性。同样，也不存在着康德主义者所认为的那种超越特定立场的中立的规范判断。立场，或判断标准，必然内在于语言游戏。

除了前述文章外，威廉姆斯还在《泰初有为》和《多元主义，社群与左翼维特根斯坦主义者》等文章中讨论到了维特根斯坦的思想。在后边提到的两篇文章中，威廉姆斯强调了"实践的优先性"，认为"实践的优先性，并不是对于实践描述的优先性"。因此，威廉姆斯提醒我们，我们需要对我们对于实践的描述表示警惕。我们的实践描述给予了我们关于世界的一种信念，但是不同的实践描述并不保证我们的信念本身。因此，我们要时时提醒自己，回到产生信念与描述的源头，而所有这些的源头就是我们的实践，或者说就是我们的行为。这就是威廉姆斯去世之后那本著名的政治哲学论文集的书名由来：《泰初有为》（*In the Beginning Was the Deed*）。而"泰初有为"这句话显然是冲着《圣经·新约》中那句著名的"泰初有道"（In the beginning was the Word）而来的。这也不由得让我们联想到了歌德笔下的浮士德形象。《浮士德》第一部写道：我迫切地想展读那希伯来的古本，以谦抑的情怀翻译那神圣的原文。（展开一卷古书，准备着手翻译）我先写下一句，"泰初有道"！哦呀，已经窒塞着，译不下去了！这"道"字未免是太不分明，我要另外翻译一个，仰仗神与。我把它改译成："泰初有心"。慎重吧，这头一句要好生留神！"心"怎能够创化出天地万物？这应该译成为："泰初有力"。但当我把"力"字刚写在纸上，我已经警悟着，意义还不恰当。哈哈，笔下如有神！我豁然领会。我称心地翻译作："泰初有为"。

与维特根斯坦一样，威廉姆斯特别反对各种形式的基础主义。认为"我们必须承认我们出场的方式不过就是我们出场的方式，我们必须生活于这样一种出场方式之中，而不是极力证明这种出场方式"。维特根斯坦所表达的实践优先性的思想经常会被人们误读成一种社群主义式的相对主义，在这样一种观念中，我们反思我们的本地（local）实践，并用它们为我们确定一种生活方式。但是在威廉姆斯看来，这是一种错误。威廉姆斯认为，维特根斯坦的这一观念其实是在告诉我们，任何基础主义，包括建构论式的基础主义，都绝不可能得到它所想要的东西。"任何理论都只能在其所赖以表达的历史环境（historical situation）中才能有其意义，才能在某种程度上整理政治思想和政治行为，而该理论与此历史环境之间的关系不能够被完全理论化，也不能完全在反思中被捕捉。"

既然任何基础主义最终都不能真正得到它所想要的东西，那么依照康德路线进行论证的特殊形式的自由主义也就不再有其意义。即便是在歌德的意义上，这种方案也已经不再有其意义。"因为政治方案总是由其历史环境所限定，不仅为其观念背景所限定，而且也为其经验现实所限定。"而"环境几乎可以说永远不是为我们的思想所造就，而是为其他人的行为所造就。因而，我们的思想能否使得政治有其意义，事实上是极不确定地依赖于其他人的行为"。如果这些看法是正确的，那么在政治生活中，与我面对的就首先是一些有着特殊利益诉求的具体的个人，而不完全是有着特殊观念的个人。在每一场具体的政治决定中，我与你的关系是对手关系，而不是一种观念之间的关系。也就是说，你与我在政治层面想要达成的协议或决定，首先是因为我们之间的一些实际问题需要在政治层面展开了。比如说，不管你是基督徒、天主教徒、佛教徒或穆斯林，我们在政治层面所要解决的是诸如基础设施往什么地方修，公共福利向哪些人倾斜等这样的世俗问题，一次决议将意味着社会善的一次分配方案的确定。这些问题的解决，通常并不依赖于你与我的特殊信仰或信念。相反，在现代社会中，我们已经逐渐意识到，我们需要一个特别的观念或机制，使得这些问题的解决依赖于你与我关于这些问题解决的特殊观念如平等、公正，以及特殊机制，如民主等。而实际的结果的完成，则更多地依赖于不同人群之间的力量对比与时代情势。

羞耻与必然性

威廉姆斯的《羞耻与必然性》一书分析了羞耻与必然性概念，以及责任和能动性概念在古代希腊文学和希腊哲学中的展开方式。

威廉姆斯对于希腊人的伦理倾向有着一套独到的研究与理解。尽管其见解在细节上充满学术争议，但是由威廉姆斯所勾勒的这样一种希腊伦理风貌仍然颇具启发性。而且，早在其1981年的作品中，威廉姆斯就已经对希腊人的哲学面貌给出了一个基本的勾勒。这个勾勒可以看作是他后来《羞耻与必然性》一书的一个大纲。

在《理想国》中，苏格拉底试图驳斥色拉叙马霍斯"彻底利己主义的实践合理性概念"。威廉姆斯注意到，色拉叙马霍斯的立场是一种"贵族式的或封建的道德",这种道德崇尚竞争成功，而竞争成功为荷马史诗中的英雄所推崇。在这种道德中，"羞耻是一个占据突出地位的观念，其主要动机源于害怕丧失颜面，害怕受到嘲讽，以及害怕丧失声望"。以荷马史诗为代表，在古代希腊英雄的那种竞争的与一意孤行的气概中，以及在那种推崇自我牺牲与共同合作的氛围中，诸多行为的失败都将导致希腊英雄产生羞耻感。这是一种典型的希腊态度（Greek attitude）。

在对希腊英雄的羞耻感的分析中，威廉姆斯对比性地带入了对于一种伦理进步观念的批评和对柏拉图、亚里士多德伦理观念的评价。

有一种观点认为，基督教同样宣传羞耻感，因此，我们可以用基督教的仁慈、自贬、内省或罪感（在神面前的羞耻感）来评价上述希腊态度。这种观点甚至认为这种新标准意味着一种道德思想的进步。

与这种观点相比较，威廉姆斯更加接受柏拉图对于道德工具观与道德契约观的批评，他也更愿意把柏拉图的立场理解成旨在"说明可以理性地成为什么样的人"，或者是"表明每个人都有道德地去行动的健全理由，这些健全理由理应依照关于其自身的某些东西而诉诸其自身"。这种看法与其在《伦理学与哲学的限度》一书中表达的内在理由观非常相近。在威廉姆斯看来，一个合意的伦理命令应该诉诸内在理由，应该出于第一人称的考量与利益，应该面对行动者的人格本身，而不应该以一种外在命令的形式加诸一个纯粹客观的义务。

诸如道德行动能力（moral agency）这样的词汇，与罪（guilt）、意志（will）等词汇，在威廉姆斯看来都是一些后来衍生出来的词汇。这些词汇被现代一些人所使用并被看作是相对于古代希腊人的伦理观念的进步，而这种进步主义的观念正是威廉姆斯在《羞耻与必然性》一书中所要批评的一个核心观念。威廉姆斯认为基于这些词汇而建立起来的身心二分的观念，决定人类行为的自由意志的观念以及从某种伦理学中推衍出指导人类行为准则的观念都是"误导哲学的冗余物"。因为这些概念大都是一些反思性的理论概念。但是很显然，如果用行动者指涉一序的、非反思的伦理研究观察对象时，当行动者这样的词汇指涉具体的道德个体而不作为一种抽象名词指涉一种抽象的人类道德能力时，我们就获得了一种与进步主义者完全不同的厚的行动者概念。我们可以用这种限定后的厚的行动者概念来指涉威廉姆斯的伦理观察起点。

威廉姆斯特别重视前述以行动者为中心的希腊伦理学态度，他认为这种伦理学态度完全不同于现代伦理学思想，尤其不同于基督教伦理思想。希腊伦理思想"它没有神，也不需要神……它将（人的）品格看作是核心的与首要的问题，致力于追问道德考量如何基于人性：它追问个体会过什么样的一种理性生活。它不去利用空洞的道德命令。事实上，尽管我们经常为了方便起见使用'道德的'这样的词汇，这一思想体系从根本上来说就没有'道德'这样的概念"。

荷马史诗中英雄们的羞耻感从何而来？对于他们的行为产生约束力的是公共舆论还是内在的自律？威廉姆斯认为，并非有一个外在的客观标准要求他们在面临抉择时如此这般行动，而是因为他们对于其生活的理解以及其自身生活的意义决定了他们要如此这般行动。因此，在威廉姆斯看来，荷马史诗中的英雄们的道德行为是因其自身人生计划的"内在理由"而促动的。威廉姆斯还把这种因内在理由而促成并特别被体现出来的道德动机称作"内在化的他者"。

同时，希腊人相信"超自然的必然性"。尽管"在消极的形而上学的意义上，人类是自由的，在宇宙的结构中，没有什么能够去否定人类的意图、决定、行为。的确，在根本的、观念的意义上人类可承担和接纳责任，在荷马那里可以找到这种主张。但是形而上学的自由什么也不是——至少意义甚微"。真正威胁我们自由的并非超自然的必然性，而是命运。我们的伦理生活更多地受制于运气的支配。

威廉姆斯的距离的相对主义

在《相对主义中的真理》一文中，威廉姆斯提出，在伦理相对主义领域，包含了一些真理。从逻辑上讲，相对主义中的真理问题是以伦理知识的客观性问题的讨论为基础的。威廉姆斯认为，伦理知识不可能像科学知识那样具有绝对的客观性。伦理知识的非客观性决定了我们必须面对一个非客观的知识领域。

相对主义牵涉到信念系统之间的交流。所以，必然存在着两个或两个以上相对自足的信念系统，且两个信念系统是相互排斥的。信念系统相对自足，包含着这样的一个预设："生活在每个信念系统内部的人们，在那个系统内部都是可以相互理解的；人们用某种方式而不是用其他方式来接收信息，以某些方式来适应文化，等等。"而两个信念系统相互排斥，首先意味着外在观察不足以决定两个信念系统的排序，其次也意味着同时生活在两个信念系统中不可能。而"如果同时生活在这两种信念系统是不可能的，那么（持有）一种信念系统的后果就包括了某些行动和实践等等，而那些行动和实践等等与作为

（持有）另一种信念系统的后果而出现的行动和实践等等是不相容的"。威廉姆斯把这样一种情形称作"不可通约的排他性"（incommensurable exclusivity）。而"对于每一对具有这个性质（不可通约的排他性）的信念系统来说，必定存在着某个行动和实践等等，在某个得到一致接受的描述下，那个行动和实践等等就会成为那两个信念系统拥有者之间的分歧的所在地"。

威廉姆斯对相对主义得以成立的两个限制条件的描述，不可避免地要影响到他后来对于政治哲学的看法。一个信念系统就意味着一种行为方式和一种评价标准，所以他举例说，在一个一夫多妻制的社会中跟两个人结婚，与在一个一夫一妻制的社会中的重婚不是同一个事态和行动；因献祭而杀人和武装抢劫中的谋杀也不是同一个行动。

两个互不相容的信念系统可能在历时的意义上和共时的意义上共存。而两个信念系统的相遇有两种情形。第一种是真实的面对（real confrontation），也就是持有一个信念系统的人碰到持有另外一个信念系统的人或者了解另外一个信念系统真实存在。第二种是想象的面对（notional confrontation），也就是有人意识到了两种信念系统，意识到它们之间存在着差别，但是在这两个信念系统中，至少有一个信念系统并不表现为他的一个真实选项。

在这里，由于个体需要通过诉诸群体来描述和说明他所持有的信念系统，而一个群体要么持有其既有的信念系统，要么通过理性比较来承认他们向另外一个信念系统的转变。总而言之，某个信念系统是否是一个真实选项，这是一个社会问题。而在不可通约的排他性限制条件中，除了皈依，别无他途。但是即便是有皈依行动的发生，该群体在这两个信念系统之间的犹疑状态也是比较复杂的。认定一个信念系统是一个真实的选项和真实地去选择这个信念系统之间并无严密的逻辑关联，前者是后者的一个既不充分也不必要的条件。对于一个群体来说，假定了他们目前的社会状况，另外一套信念体系对于他们来说也许不是现实可能的，但是他们目前的社会状况的特点如果发生了变化，那么另外一套信念系统也就有可能是现实可能的了。而是否真正成为这个群体的真实选项，这不过是一个客观的社会事实问题。

在这里，有些东西可能也并不是那么相对主义的。"存在着不对称的相关联的选项。现代技术生活的某种形式及其观点已经成为某些传统社会的一个真实选项，但他们的生活对我们来说并不是一个真实选项，即使我们当中的很多人仍然有一种充满热情的怀旧之情。一个人对这种不对称性的本质和范围所持有的理论，影响了他对激进的社会行动和政治行动的客观可能性的看法。"而某种特定的信念系统能够把什么程度的理性的可比较性显示出来，决定了他们会把哪些范围的信念系统看作是真实选项的问题。青铜器时代一个希腊酋长的生活或中世纪时期一个日本武士的生活，连同与之相伴随的生活观点，对于我们来说都不是真实选项。在现代工业生活的语境中，用一种社会规模来重新颁布那种生活计划，将会涉及社会错误或政治错误，实际上涉及一种重大幻觉。

由于这些不同的信念系统的存在，在我们需要真实地面对这些信念系统时，我们就会采取一些评价词汇来进行评价，如"真与假""对与错""可接受与不可接受"。而为了支持或反对某个给定的信念系统，一个人必须具有某个立足点。而对于仅仅是想象中面对的信念系统，我们也可以使用这些词汇来进行评价。不过，"一个给定的信念系统离成为我们的一个真实选项越远，它是否是'真的''正确的''可接受的'这个问题似乎就越没有实质性……对于一个反思性的人来说，当这样一个信念系统只是处于纯粹想象的面对中时，评价问题并不真正出现。"正是在这样的一个区分中，威廉姆斯给出了他所认为的相对主义形式的定义："就一种给定的信念系统而言，相对主义就是：对于一个信念系统以及仅仅与它处于想象的面对中的人来说，评价那个信念系统的问题并没有真正地出现。"大部分的相对主义都会把真实的面对与想象的面对混淆在一起，把真实地面对时所需要作出的评价与想象的面对所可能也同样沿袭的评价混淆在一起。最简单的处理办法，就是把评价词汇相对化，把它们转变为"对我们来说是真的""对他们来说是真的"这样的说法。而最庸俗的相对主义，就是要把真实的面对处理为就跟想象的面对一样，结果，即使表面上看起来它好像是在一个真实的选项之间进行判决，但是它实际上只是表达了在不真实的选项之间进行选择的不可能或无望。

威廉姆斯在真实面对与想象面对之间所作的区别，有利于我们区分起码下述不同的情况：真实面对中的人在自己所持有的信念系统与所面对的相排斥的信念系统时所要进行的评价（事中人）；能够同时想象两种信念系统而不坚持倾向任何一种信念系统而进行追问的可能评价（旁观者）；持有一种信念系统，而已经意识到存在不同信念系统都成立的可能性后所需要进行的评价（作为事中人的旁观者）。在第一种情况中，相对主义者所关心的问题可能彻底消失。第二种情况是我们所遇到的最为典型的，也是最为心理轻松的相对主义者。第三种情况则是最为典型地对相对主义感到困惑的人。

威廉姆斯的这篇文章提出了信念系统评价问题。不难看出，它在某种意义上把我们拉回到了对于社会人类学所处理的不同信念系统的演化问题的回忆中来。而在认识论所要关注的相对主义与真理关系问题上，又使得我们不得不认真思考不同信念系统的评价问题。无论是在历时的意义上，还是在共时的意义上，只要牵涉两个信念系统的对比，牵涉作为反思者的哲学家的评价问题，就必然要把我们带回到威廉姆斯这篇文章所揭示给我们的问题中来。而一个信念系统的比较问题，就必然要带进一个历史（时间）的问题，并且进一步地要向我们追讨评价标准和评价态度的问题。而当两个信念系统最终被迫真实面对时，我们就必须采用我们的理性力量来进行分析与说服工作，在这样一个时候，我们就不能够采取相对主义的立场把我们所遇到的问题轻松地打发掉了。

威廉姆斯认为，现代世界存在着一些基本特征，这些特征使得我们不得不重新审视不同信念的相遇问题。"在我们看来，重要的一点就是，现代世界在很多方面不同于过去的世界，我们所遇到的问题是在现代世界中所遇到的伦理思想的问题。现在遇到的并不一定还是诸如是否存在永恒有效的道德标准的问题，原因有二。原因之一就是，现代世界是一个世界，不存在一个完全绝缘于其他社会的社会。原因之二，现代世界有着诸多特征：自我意识，对其历史的意识，对透明性的要求，要求每个人都要明白其所作所为，存在着这些被理论家们称作现代化的诸多特征。这一切将现代世界的道德思想置于一种特殊的复杂景况之中。我愿意强调这样一种复杂性。"

威廉姆斯于 2000 年发表的《理解荷马：文学、历史与观念人类学》一文借着说明如何理解古希腊人类生活，尤其是如何理解荷马史诗笔下的人类生活，再次强调了历史地理解人类的重要性。这篇文章中提出的很多观点和说法，可以说是对威廉姆斯此前一系列观点说法的概括总结与升华。

文化描述。威廉姆斯认为，对于人类的人种说明"不可避免地要走向对于不同社会群体的文化描述"，也即认为在习俗中生活是人的本性，不同的社会有着不同的文化，"文化描述将成为理解的一个关键要素"。

每一个社会都有其自身的传说。在一些集中讨论政治哲学概念的文章中，威廉姆斯有时会把这种关于自己民族传说的叙述称作是一个神话。这些神话或传说叙述了一个社会的过去，这既是我们对于既往历史追寻的对象，也是这个社会自身对于其先前的事情追问的对象。这些传说构成了我们对于他们所说、所信、所求的理解。而正是包含这三个要素的（三角网络）理解过程构成了一种约束，使得他们的关切、旨趣和感知力量不会与我们相差太远。

人种学立场。为了理解那个社会中的人，我们要具备一种入乎其内、如其所是的行为感觉，要将那种文化中生活着的人们的行为理由加以内化，就如同演员进入角色状态，投身其中的那样一种感觉。威廉姆斯将这样一种能力称作理解历史的人种学立场，它是我们从总体上去理解人类的一个重要特征。要想理解不同的文化，我们首先要承认采取这样的立场是可能的。这样的理解就是一种历史的理解。

理想的人类学。威廉姆斯把上边所讲的这些历史理解形式称作理想的人类学。它是人类学，因为它分享了人类学家对于社会的理解形式；它又是理想的，这不是说它是完美的，而是说它并不具有我们当下的社会人类学用来作为典范的例子所具有的那种完全完整的现实证据，我们只是根据部分的实物、文献乃至文学作品来作为对其解释的理想推测。在这里，威廉姆斯特别强调了文学作品可以作为理想人类学考察的证据。不过，威廉姆斯强调，他这里所说的人类学本身必须要涉足一种解释任务，对于过去的研究必须部分地构成一种我们并不亲身参与其中的人类学，也就是威廉姆斯所说的理想的人类学（也可以说是想象的人类学）。而对于他所说的这样一种人类学的哲学，我们还必须认真地反思我们据以解释行为的假设应该有多强，根据这些假设得出的具有普遍因素的结论应该在多大范围内有效。

威廉姆斯用"距离的相对主义"的观点（the relativism of distance）进一步解释了他的历史的要旨观和相对主义观。

在《相对主义与反思》一文中，威廉姆斯提出，如果我们对某些分歧进行反思，并且得出结论说，我们不能够客观地处理这些分歧的话，我们就可能采取某种形式的相对主义。相对主义无处不在，甚至在科学哲学中也同样存在。"其目的是处理看起来相互冲突的不同的观点、看法和信念，以这样一种态度来看待它们，以使它们不再（显得）相互冲突：这些不同的看法被认为是就其本身来说是可以接受的。"

第一种态度是关系相对主义。毕达哥拉斯说，在不能决定风到底是冷的还是热的时候，我们可以说，风对于我来说是冷的，而对于你来说是热的。

第二种相对主义涉及不可通约性（incommensurability）。有些科学哲学家就认为，不同的科学理论之间就是不可通约的，因为它们使用不同的概念系统。这样一种看法完全可以被应用于对不同文化和不同生活形式的解释。

但是，由于人类文化交往的模糊性，截然不可交流和不可通约的文化事实上并不存在。同样，完全依据主观感受的关系相对主义也是不能成立的。能够想象的反倒会是这样一种情形：一种文化中的对错观念或制度，在遇到另外一种文化观念时，会发现它们不是太早，就是太晚。太早，就是他们从来还没有想到运用这样一套看法去作评价；太晚，就是他们发觉自己已经遇到了新情况，需要超越这样一套进行评价的标准体系。

不过我们会发现，起码是在伦理观念领域，我们都是非客观性的。基于这样一个事实，威廉姆斯再次回到他在《相对主义中的真理》一文中的看法，建议我们在真实的面对和想象的面对之间作出区分。而这种基于想象的面对，威廉姆斯在这里将其称作距离的相对主义。因为正是面对的这种想象性和与真实景况的距离感，使得这种相对主义成为可能。它可以被应用于遥远的异域，同样可以被应用于更为遥远的过去或未来。言外之意，距离感的消失将使得我们从想象的面对进入真实的面对。而在真实的面对中，我们需要的是理性的分析与论证，这个时候就已经不能再用相对主义来回避对问题的回答了。

我们要想认真对待伦理判断的悬置，就必须把我们所考虑中的社会作为一个整体来想象。我们或许可以抽离历史人物的具体生活实践来想象性地评价这些人物及其行为，但是要想严肃地看待这些相对主义的评价，就必须现实地具体地去思考这个社会。有关过去和异域的许多伦理故事与那个时代或地方的现实毫不相干，它们是想象性的，它们与人类生活和人类可能性的现实观点相悖，代表的只是叙述者对于另外一个社会的象征与期望。

威廉姆斯提醒说，纯粹空间距离的相对主义在当代世界是没有意义的。"在当代，文化之间的所有面对都必须是真实的面对，异域传统社会的存在提出了一个迥然不同的，也是非常困难的问题，即世界其余地方的人们是否能够或应该像保护濒危物种那样运用其权力去保护这样的社会；人类学领域和其他一些领域的人们会发现他们扮演着游戏守护者的角色。"而有关过去或未来的相对主义想法则完全不同。我们因过去而思，因为思而想象未来。而且，过去和我们对于过去的理解与我们对那些据以思考的问题的反思有着特殊的关联。威廉姆斯称现代世界就是以这样一种独特的反思基准为标志的，我们据以安排我们自己的文化和其他文化的解释框架因此而变得更大了。

反思意识的增长并不总是积极的。起码西方有一部分人总是相信，在某一个时间点之前，西方世界是一种完整的、实在的、熟悉的、共同的生活。但是诸如以1914（第一次世界大战爆发），工业革命，伽利略，宗教改革，或者更早的某个什么事件为标志，西方世界就碎裂了。这些不同版本的没落论既是一种神话想象，也表达了对于绝对一致状态传统处境的留恋，对于逐渐黯淡的某种记忆的留恋。但是不管怎样，有两个基本事实是无法改变的。首先，现代社会对于社会和我们的行为的反思性理解进一步深化且已蔓延开来。其次，适用于传统社会的伦理观念的某些厚实形式在现代社会已经不再那么流行，即便是将这些伦理观念的厚实形式应用于现代社会，也并不能够保证这个社会的共同一致，没有冲突和一种完善感的实现。麦金泰尔曾在《追寻美德》一书中表达了一种回到古希腊思想，过一种传统意义上的德性生活的看法。在这里，威廉姆斯明确表示，这样一种看法在现代社会不可能兑现。

威廉姆斯有一个比较强的论断："源于反思，没有回路。"从理论上推导回去是可以的，但是有意识地走回去是不可能的。"自我意识这一现象，连同支撑这一现象的制度与程序，构成了这样一个理由，使得我们过去的生活方式不能够成为现在的真实选择，试图返回过去从小的方面讲，必将显得荒唐可笑，从大的方面讲，必将带来可怕的后果。"

在这里，威廉姆斯对于回到传统社会何以不可能进行了一个详细的追溯，在这样的一个追溯过程中，距离的相对主义观点所具有的历史特性逐渐与适用于任何一个社会的正当性辩护问题紧密联系到了一起。这将成为后来威廉姆斯审视政治哲学反思的一个重要模式。

首先，一个社会为自己进行辩护的最终理由是其正当性理由，而传统社会的正当性在现代社会之初已经丧失。

在讨论有关传统社会的问题时，我们肯定会说诸如退回到等级社会这样的设想是一种幻想，这是一种反动。但是即便我们同情地假设说存在着这样一个让人满意的等级社会，那么对于我们来说，这也依赖于他们一直认为他们是清白的，他们一直没有能够认识到自己社会的特性。这是不能去设想的，因为当时人们的标准会阻止人们提出这样的问题。但是难道我们就不会再提出这样的问题了吗？不管当时的人们是如何无意识，难道我们不会去追问这样一个社会是否不公正吗？距离的相对主义就能够让他们回避掉这些问题吗？我们首先会去仔细考虑这样一个问题：在一个和现代社会相比更少反思和更少自我意识的社会，他们不知道的又是什么呢？

我们可能会说，他们不知道他们的社会安排还可以有别的替代，他们认为他们的社会秩序是必要的。在威廉姆斯看来，这样的回答稍嫌简单。在一些传统的，与世隔绝的，甚至连文字也没有的社会，也许他们的确不知道他们可能还有别的选择。但是像处在中世纪欧洲的人们，他们当然是已经知道他们还是有选择的，他们也知道那个时候在别的地方人们还以别的不同方式组成了不同的社会。所以我们应该说，对于中世纪的人们来说，他们本来可以拥有一种完全不同的社会体制。但是他们却可能认为他们这个社会就是必要的、唯一的选择。认为他们的社会秩序对于他们来说是必要的，从这一点上来说他们也许没错。只不过我们不能接受他们将其社会制度视为必要性的方式，比如说他们将这种必要性视为宗教意义上的或形而上学意义上的。"我们认为他们错误的地方在于他们将其等级社会正当化的神话。我们认为我们对于我们的社会和我们自己的看法要比他们对于他们自己的看法更自然。由霍布斯和斯宾诺莎在现代世界的开端所表达的这种自然主义的社会观念，代表了这样一种看待社会的方式，在这种方式中，这个世界已经变得 entzaubert（不再着魔），用马克斯·韦伯的名言来说就是：已经脱魅。"

其次，一个社会是否公正，这一观念的解释对于"距离的相对主义"来说至关重要。

无论是过去社会所提供的等级社会的正当性理由，还是我们现在看待他们的方式，都与我们所说的这些社会的公正与否有关。"公正"和"不公正"是两个核心术语，它们可以应用于作为整体的社会，也可以在原则上应用于所设想的具体而现实的社会。而且，以正义来作为评价标准，可以避免无谓地去触及什么人应该受到谴责的问题。这些特征合在一起，就使得社会正义成为关联于相对主义的特殊主张。

你可以用相对主义的正义观来进行辩护。如果要历史地去看待问题的话，一些现代的社会正义观念，比如说平等权，就不能应用于过去的等级社会。很显然，那些社会并不满足这些条件。但是过去的社会所面临的正义与否的评价压力并不因距离的相对主义而消失得无影无踪。即便我们不把一些现代观念明确地应用于他们的社会，这些社会自身也还是使用到了一些正义观念。这样说，并不是一种双关语，也并非语言错误。我们的确可以发现一些现代社会正义观念在过去的社会中已经有了一些基本的应用。历史的连续性还是存在的，早期的一些观念总会以某种形式保留在我们的生活中。

现在的问题是，是用更多的现代观念来评价类似概念在传统社会中的应用，还是更多地强调这些概念在传统社会的独特使用。在后一种意义上，距离的相对主义就会为传统社会作出更多保护性的辩解；而在前一种意义上，我们就有可能会被拉进真实的面对，从而作出不利于传统社会的解释。威廉姆斯认为，由于反思意识的增强，以及自然主义的社会观念在现代社会的盛行，我们现在大都会倾向于作出不同于传统社会的理解和解释，倾向于以现代观念来阐释传统社会，倾向于强调它们的连续性。在这样的解释中，距离的相对主义就会显得不是那么合适。现代社会的一个特点就是，"我们有各种的社会正义观念，以及与之相伴随的不同的政治后果；每一种观念都在过去的和我们自己的看法中有着可理解的根源。我们知道我们不能接受它们过去的正当性，不然的话我们就不知道该如何解读它们，所以我们就倾向于把过去的正义观念视作仍然适用于现代人的观念统一体。到了这个时候，我们就会将它们看作是彼此之间以及与现代观念之间的真实面对"。而这是一种假想的、似是而非的真实面对，是在拿我们的想象去代替古人的观念实践。其中所包含的历史错误特别地为威廉姆斯所警惕。

在威廉姆斯这里，我们既不能毫无历史感地将古往今来的人类历史扁平化，用一个统一的理性模式去度量，也不能夸张地使用相对主义的尺度，回避我们真实面对的信念冲突问题。而一个正确的态度就是让历史和理性各自发挥自己的功用，宽厚地对待因历史距离而产生的信念差异，严肃地思考因真实面对而需要回答的现实问题。

在《相对主义、历史与价值存在》一文中，威廉姆斯批评约瑟夫·拉兹，认为他在讨论价值实践问题时提出的所谓温和的相对主义主张并不真的是一个相对主义主张。

拉兹主张，温和的相对主义可以表述为："在罗马就要像罗马人那样去行事"（用中国话讲就是入乡随俗，别问对错）。威廉姆斯认为，拉兹的主张并非一个好建议。姑且不说罗马人在很久以前曾经做事很野蛮，罗马人是否喜欢你像他们那样去做事也是一个问题，况且你也可能并不擅长于像他们那样去做事情。事实上，这一准则根本不是对相对主义的一种表述，它其实是适用于任何人的一个绝对原则，告诉他们到了某个环境中应该如何行事。只要你离开了家乡，这个原则其实就已经可以到处通用。

说它不是相对主义，还因为在不同的社会环境中，某一给定的价值的表达和应用可能会有很大的不同。比如说对某个人作出的行为是对他的尊重还是侮辱，这要因时因地而异，但是这并不意味着尊重这一价值本身对于他人来说是相对的。

威廉姆斯在这里重新提到了他在《相对主义中的真理》一文中以及在他所撰写的另外一些文章中所提到的真实面对与想象面对等问题。不过在这里，他更着重强调了即便是真实面对，也有一个时间差异的问题。他们的面对不是太早就是太晚。太早的话，两个群体可能压根儿就谁也没听说过谁，这个时候，入乡随俗无从着手；太晚的话，他们可能是面对了，但是现在可能已经不是"我们"和"他们"的问题，而成了一个新的"我们"的问题。当然，对于一个遥远的过去的价值，我们可以去作出我们的评价，但是这已经变成了威廉姆斯在《伦理学与哲学的限度》中所讲的"距离的相对主义"的问题。而且，这样的外在评价并非对任何价值都适用。许多时候，它也至多是多种选择中的一种。并没有一种逻辑规则或语义规则规定说我们不能谴责中世纪没有充分尊重第一修正案所提出的原则，我们至多可以说这样的谴责并非合情合理。

第 4 章

从价值多元主义到政治现实主义

《泰初有为》一书的多元竞争基调

20 世纪后半叶，以赛亚·伯林的"价值多元主义"观点的提出为现代政治理论带来了新的视角。鉴于自由主义在当代西方政治实践与政治理论中的特殊地位，如何从多元主义的角度来重新思考自由主义就成为当代政治哲学重要主题之一。价值是多元的，多元价值之间存在着相互冲突，这是伯林的一个重要结论。伯林价值多元主义在政治生活中的运用，被约翰·格雷称作"竞争的自由主义"，这一提法一方面强化了伯林思想中多元价值之间的竞争特性，另一方面也进一步加剧了伯林思想中多元主义与自由主义的紧张关系，从而使得从多元主义到自由主义的可辩护性难题明朗化。

作为以赛亚·伯林的挚友，威廉姆斯的政治哲学思考参与了这样一个视角的构建、丰富与辩护。与伯林一样，威廉姆斯强调价值之间的冲突，强调在政治生活中我们选择一种价值就必然意味着损失其他价值。因此，威廉姆斯特别强调政治生活的"竞争特征",主张政治现实主义,反对功利主义通过效用计算和康德主义者从个人自主性出发来解释自由主义的"道德主义"立场。他曾与德沃金共同主持了多个讨论班,并在多个场合对以德沃金和罗尔斯为代表的当代美国政治哲学提出了批评。

《泰初有为》是 B. 威廉姆斯的政治哲学论文集,该书在威廉姆斯去世后由普林斯顿大学出版社出版。全书共收入了威廉姆斯关于政治哲学的十三篇文章。除了《平等的观念》(1962)一文外,其余十二篇均为威廉姆斯于 20 世纪 80 年代中期到美国任教后陆续完成的作品。本书由剑桥大学国际政治学教授霍索恩与威廉姆斯的遗孀帕特里夏共同整理,内收帕特里夏前言和霍索恩的导言各一。威廉姆斯在该书中讨论的主题有四:1. 什么是政治;2. 政治与伦理是什么关系;3. 我们理论观察的出发点是什么;4. 何为"有历史的哲学"。其中"政治现实主义"和"有历史的哲学"可以说是威廉姆斯的特别贡献。这两个问题虽然在伯林那里有迹可循,但是只有在威廉姆斯这里才成为两个被特别展开的主题。

威廉姆斯提出,政治应包含如下含义:1. 政治哲学必须独立地使用政治的概念,诸如权力及相应的规范要求即正当性;2. 政治观念的焦点集中在政治分歧;3. 可能的政治分歧包括关于政治价值——如自由、平等或正义——的解释的分歧;4. 政治差异是政治对手之间的一种关系。权力、冲突、分歧和对手可以被看作是威廉姆斯关于何为政治的这一概念的四个关键词汇。其中,分歧是我们必须面对的现实,冲突状态和对手关系是与歧异者这个概念相伴随的现实状态,而权力及权力使用的正当性问题是政治要处理的核心问题。

具有上述特征的政治观被威廉姆斯称作"政治现实主义"。

在威廉姆斯这里，现实主义地观察政治的首要出发点，或者说政治的首要问题是霍布斯问题。这就是保证秩序，保护公民，建立人与人之间的安全、信任和相互之间能够进行合作的条件。从霍布斯问题出发，威廉姆斯提出了"正当性是分级的"这样一种主张。一个政权最为基本的正当性就是这个政权在运用权力时起码解决了霍布斯问题。而如果一个政权对于权力的运用反而加剧了霍布斯意义上的基本安全的丧失，那么这个政权也就失去了基本的政治正当性。

与政治现实主义相对，是威廉姆斯所批评的政治道德主义。政治道德主义强调道德对于政治的优先性。在功利主义模式中，政治理论本身系统地表达一系列原则、概念、理想和价值，而政治本身则借助动员说服、权力的运用等将其付诸政治行动。而在康德主义解释模式中，理论拟定与权力共存的道德条件，借助这些条件，权力得以公正地运用。《正义论》时期罗尔斯的政治思想可以说是这种主张的代表。

威廉姆斯反对政治道德主义。他认为，对人类道德进行理论化梳理的努力并不可能为人类道德实践找到可靠的指导。相反，对于道德进行理论化的努力反而歪曲了人类实际的道德动机和道德心理，从而掩盖了人类生活的复杂性。每个人都有一个属于自己的根本生活计划，我们不可能脱离属于每个人自己的根本生活计划，从一个外在的，诸如人类幸福、实践理性这样的"阿基米德点"出发来推导出用以指导人类实践的伦理体系。同样，由于人类的政治生活本质上是竞争的，我们不可能用一套关于人类应该如何生活的完整解释来指导我们的政治生活。

威廉姆斯曾多处提到和讨论了现实主义的马基雅维里主题：政府责任不同于个人责任，从而政府美德不同于个人美德。与这一主题相关联，威廉姆斯向我们提出了"柏拉图意义上的好人如何面对马基雅维里意义上的现实世界"的问题："从柏拉图那里继承下来的好人的概念产生了好人根本上如何才能有所作为的问题，而马基雅维里的现实世界的概念则提出了任何人面对这个世界如何才能有所作为的问题（现实主义的一个流行含义就是从如下事实中得到了其力量的：即使第一个问题没有答案，但第二个问题是有某些答案的）"。

如何做一个好人与如何现实地生活，这是分属伦理生活与政治生活两个领域的不同问题。威廉姆斯曾论及柏拉图《高尔吉亚》篇和《理想国》中的卡里克拉和色拉叙马霍斯。这两个人物是典型的非道德主义者（amoralist），色拉叙马霍斯在与苏格拉底的辩论中，甚至还提出了著名的"权力即正义"的难题来为难苏格拉底。柏拉图记述的这两个人物向我们提出了道德主义者如何与非道德主义者相处的问题。在威廉姆斯看来，对于伦理生活的辩护是有用的，但是辩护的作用是有限的。辩护本身总是有一个起点，这个起点本身是不可辩护的。在同一伦理生活世界中，我们可以依赖辩护的力量。但是在不同观念者或观念群体之间，我们总是会存在着分歧。传统政治寻求道德辩护与政治辩护的合一，但是这样的努力势必将无法认同某些道德辩护的疑义者排除在政治生活之外。然而政治生活的实践表明，这样的排除仅仅是增加了政治生活的紧张关系，却并没有能够真正面对与合理处置与我们存在分歧的对手。现实主义的一个重要含义，就是主张政治生活本身要面对和处理这种无法消解的分歧，我们和分歧者的关系最终要下行到行为的层面来处理，而不能指望仅仅停留在理性的层面就可以完成。理性反思是有其作用的，但是反思的力量是有限的。

威廉姆斯还特别指出，传统权威的消减和世俗化是现代性的标志。在现代性之后，民族国家作为伦理讨论载体的重要性和可行性正在减弱。考虑到现代社会的这一特征，我们需要最小化的伦理承诺，民族国家最好不要在伦理问题上有所作为。在现代社会，对于个人伦理的要求与对公共道德的要求之间出现分叉，适用于个人伦理生活的原则不同于适用于公共生活或政治生活的道德。威廉姆斯认为，这是现代世界中伦理思想的真正问题。很显然，这也代表了多元主义者对于伦理与政治关系问题的基本看法。

《泰初有为》一书的第三类重要话题就是深入讨论了我们理论观察的基本出发点的问题。这是一个隐藏在伦理思考和政治思考背后的深层问题。威廉姆斯提出："泰初有为"而非"泰初有道"。威廉姆斯称"泰初有为"为浮士德公理或歌德公理，他认为这一公理可以被广泛地应用于政治解释。这一提法强调了在对政治生活的考察中"实践的首要地位"。行动者的实践不同于我们对于行动者实践的描述。"并不是说我们为自己表述了一遍我们的实践，我们就可以在这种表述中寻找到我们信念的基础。实践和一套信念之间的关系不可能是类似于前提和结论之间的关系，也不可能是任何两套陈述之间的关系。"与此相对应，任何基础主义，包括建构论式的基础主义，都绝不可能得到它所想要的东西。"我们的思想能否使得政治有其意义，事实上是极不确定地依赖于其他人的行为。"我们面对的是行动中的个人，而不是被某种观念原则所解释后的个人。在政治生活中，这些人表现出什么样的行为只能被我们观察和接受，而不能被我们事先用一套理论原则所规定和限制。很显然，威廉姆斯主张我们从伦理生活和道德生活的行动者（agent）本身的行为活动出发去观察和思考伦理问题与政治问题，反对把人类生活化约为某种可被解释的理论原则。

威廉姆斯最后一个重要的主张就是认为哲学和政治哲学都需要历史。哲学与历史之间有着一些非常特殊的关系。历史的要旨就在于使熟悉的事物变得不熟悉，使不熟悉的事物变得熟悉。而传统上哲学对于概念的考察与分析是均匀的和无厚薄的。因此，我们要克服这种缺陷，要从忽视历史的哲学思考进入有历史的哲学思考。既然我们所运用的概念是有历史厚薄的，那么我们传统上期望通过理性辩护来达到关于信念的无条件的普遍有效性就是不可能的。理性辩护本身是有其力量的，但是辩护本身是有局限的。相对于理性辩护，历史具有一种优先性。

威廉姆斯对于历史要旨的揭示，还关联着他对相对主义和价值多元主义的看法。我们生活在一定的历史之中，事物的熟悉与陌生是相对于我们而言的。因此，我们可以逻辑地推知，有相对于我们的不为我们所熟悉的其他信念系统，而其他信念系统与我们的关系最好要用"距离的相对主义"来看待和处理，而不要用"庸俗的相对主义"来处理。所谓"庸俗的相对主义"，就是在我们已经真实地面对与我们不同的信念系统时，却仍然把它处理为就像想象的面对。

根据有历史的哲学的主张，自由主义只有在现代性的这一特殊历史条件下去评估才有意义。威廉姆斯提出，"正当性+现代性＝自由主义"，提醒我们自由主义只不过是在"现代性"这一特殊的历史条件约束下对于正当性的一种特殊证明。我们并不否认自由主义国家可能还有着传统的国家所不具有的一些美德，但是自由主义并不构成我们区分一个国家是否正当的唯一理据。历史上有多种正当性，存在着并非自由主义者所认为的那种正当性。康德式的理性主义立场无法回答，为什么一定要假定历史止于康德？为什么康德时刻是特殊的？而康德路线

112

的自由主义对于非自由主义正当性的指责属于"时代错置"的一种批评。

与"有历史的哲学"主张相关联，我们需要"此时此地"地理解政治价值。也就是引进历史约束，通过对特定历史与社会的详尽阐述，实现对于某一政治价值概念的本地的理解。比如，从自由（freedom）到自由权（liberty），这就是一个建构的过程。也就是说，从抽象的原始价值到具体的政治价值，需要经过一定的建构。当我们抽象地谈论人的自由的时候，我们有着有关自由的各种理解，这些单纯的观念代表着一种"原始自由"的"原始的政治"概念。原始自由不是一种政治价值。要得到作为一种政治价值的自由，我们就需要引进限定条件，考虑因限定条件的出现而必然带来的后果。在当代，这个限定条件就是以某种特殊形式的强制面目出现的现代政治，因强制而要求政治权威，就必然带来现代政治的合法性问题。而因诉诸权威而形成的从抽象的自由观到具体的自由权，就自然带来损失和怨恨问题。而这样一个限定和确立价值体系，并最终完成一个符合现代生活的政治价值即自由权的过程，就是威廉姆斯所说的政治价值的建构过程。

威廉姆斯的政治哲学是从多元主义立场对当代自由主义理论和实践所进行的一种反思。我们可以把威廉姆斯的政治哲学界定为"基于多元主义的现实主义的自由主义"。两个限定词汇表达了威廉姆斯的基本理论倾向，经过限定后的威廉姆斯政治哲学可以说是对当代自由主义解释路径的一种新的选择。

威廉姆斯的政治现实主义主张和有历史的哲学的主张为我们留下了诸多的理论想象空间，同时也为我们留下了诸多遗憾与空白。围绕威廉姆斯关于什么是政治的看法，我们可以提出两个可能的改进。

首先，我们可以把威廉姆斯对于政治的看法总结为分析政治现象的"权力竞争"模式。这一模式很好地容纳了价值多元主义的"多元"与"竞争"特征，同时，这一模式也是政治理论中的现实主义所遵循的基本分析模式。而要在这一分析模式框架内很好地将价值多元主义与政治现实主义融合在一起，在我看来就必须增加一个限定："政治生活中的多元竞争必然表现为权力竞争"。有了这样一个限定，我们就可以从一般的价值多元主义讨论收敛到以现实主义竞争模式为特征的对于政治生活的讨论。传统上把现实主义看作是多元主义的一个主要美德，而经过改进后，我们就可以把现实主义看作是考察政治的一个独立的立场。

　　这里我们需要注意价值问题与政治问题的差异。更需要注意的是，从一个问题过渡到另外一个问题，这中间是需要某种限定与约束的。而我们理论反思的任务之一，就是要敏感于这样一种限定约束条件。比如，从霍布斯到休谟，都既提到了一定程度的资源匮乏，同时又提到了基于自然身体条件平等基础上的竞争（休谟还提到了人与人之间一定程度的淡漠），有了后边一种条件，才产生了平等竞争的个体如何分配一定程度匮乏资源的问题。也就是说，是两种情况的两相约束，才构成了需要以公共形式加以解决的政治问题。换句话说，单纯的欲望多样性本身并不足以构成政治问题，欲望多样性要想表现为政治问题，是有一定的限定原因的。同样，单纯的价值多元本身并不构成政治问题，从价值多元出发到处理多元性的政治问题，中间存在着一个跳跃。事实上，一定程度的匮乏与一定程度的淡漠，二者结合只产生了属于道德领域的正义问题。而基于自然平等基础上的竞争则进一步将这一道德问题收敛于政治领域，从而产生政治问题。

其次，基于"正当性是分级的"这一判断，我们完全有理由追问从"基本合理的正当性"到"充分合理的正当性"是否可能以及如何可能等问题。在霍布斯问题解决之后，也即在基本的正当性得到满足之后，我们可以进一步追问充分的正当性问题。而威廉姆斯没有对后一问题加以讨论。我们要想仍然沿着权力竞争的分析模式进行思考，就需要对如何实现能够满足充分正当的可能性的政治制度给出一个不同于传统自由主义的解释。有两个可能的解释，一个是将权力竞争视作人类的博弈行为，通过多轮重复博弈，我们稳定地实现对于自由主义制度的路径依赖。另外一个就是基于权力分立和权力制衡，来实现对于自由主义制度的结构性建设。而这两个解释，都将依赖于自由主义具有更多美德，因而具有更为合理的正当性的假设。而威廉姆斯自己也认可这一假设。假如这两种解释可以成立，那么我们就可以部分地解决现实主义竞争的政治与人类合作现实之间的表面冲突问题。

尽管可以有上述的改进尝试，但是由于威廉姆斯的政治哲学没有能够像他的伦理学讨论那样得到全面系统的展开，所以仍有很多会让我们感到疑惑的地方。比较典型的有：

多元主义与自由主义的关系。伯林和威廉姆斯只是令人信服地论证了"对于自由主义的辩护是与多元主义相容的"，但是从价值多元主义到政治自由主义的过渡难题却并没有被正面触及。在加入了威廉姆斯的政治现实主义考察之后，多元主义、现实主义与自由主义之间的关系就变得更加复杂。考虑到多元主义与现实主义有可能与多种政治模式相容，从二者出发何以就能够坚持自由主义基本价值，对这一问题的回答就变得极为偶然和充满变数。

伦理理论与政治哲学的关系。努斯鲍姆的质疑很有代表性："威廉姆斯后来坚持说，他对于伦理理论化倾向的攻击并不影响建构可以作为有益指导的政治理论的愿望。但是这样的话将会把那些以某一道德理论为其政治理论核心的同样属于西方伟大政治理论家的人如亚里士多德、西塞罗、卢梭、康德和约翰·罗尔斯置于何处呢？威廉姆斯单挑出罗尔斯作为那一类被批评的道德理论的例子；而其后期陈述似乎又表明他还是能够承认具有了政治特性后的罗尔斯理论的作用。不管怎样，将一种政治正义理论期望视作一种可接受的愿望，而将个人道德理论视作一种不可接受的愿望，这种区别对待的缘由还是不清楚的。"

价值多元主义

价值多元主义的观念历史悠久。早在亚里士多德和一般的异教多神教中，就已经可以发现价值多元主义的基本思想。只是在伯林之后，才有某些哲学家明确地把自己称作价值多元主义者。除了伯林的系统阐述之外，我们可以在近代以来的马基雅维里、蒙田、休谟、维科、赫尔德、韦伯和奥克肖特那里看到对于价值多元主义的理解。而当代的价值多元主义则在包括盖尔斯顿、格雷、汉普什尔、凯克斯、内格尔、努斯鲍姆、拉兹、斯托克等人的作品中得到了不同层面的阐述与理解。

和伯林一样，威廉姆斯也是20世纪价值多元主义的坚定捍卫者和支持者。威廉姆斯是伯林的好朋友，两人在20世纪70年代末到90年代之间，曾经以不同的方式共同对价值多元主义进行过辩护。

伯林价值多元主义的核心观点是："既然有些价值可能本

质上是相互冲突的，那么，原则上可以发现所有价值都能和谐相处的模式这样一种观念，便是建立在关于世界本质的一种错误的、先验的观念之上。""于是，选择的需要，为着一些终极价值而牺牲另一些终极价值的需要，就成为人类困境的永久特征。"

伯林同时还意识到，如果价值在文化与时代之间的差异太大，沟通就难以进行。因此，伯林提出了一个更为稳妥的修补性看法："我确实相信有多种价值，人们能够而且的确在追求它们，它们彼此各不相同。这些价值并非是无限多的，人类价值的数目，在我保持着我的人类外貌、人类特性时能够追求的价值的数目是有限的——可能是 74 个，或 122 个，或者 26 个，但无论是多少个，它一定是有限的。这一点有重要的意义：如果一个人追求其中一种价值，而我不追求那种价值，但我能够理解他为什么追求它，或者我能够理解，如果我处在他的境地，致使我去追求那种价值，情形会是怎样。由此就有了人类理解的可能性。"

这里的核心是，相互冲突的价值并不是无限多的，它只是有限的，但是已经足以构成一种恒久性的冲突，成为人类面临的无法克服的难题。同时，由于只是有限多的部分价值在产生着冲突，因此，夸大价值之间的永恒冲突，从而主张人类因此而无法相互理解与相互沟通的想法就同样是错误的。

早在威廉姆斯 1979 年为伯林的论文集《概念与范畴》一书所写的序言中，他就提出了"价值越多就是越好"的主张，用能否保护和促进价值的丰富和多元来判断一种文化和一种政治制度的优劣。威廉姆斯指出："伯林反复警告我们要防止这样一个根深蒂固的错误，即假定所有的善，所有的德性，所有的理想都是兼容的，所有的这一切最终都能没有损失地结合成为一个和谐的整体。"他进而还说："这并不是重弹一个陈腐的老调，认为在一个不完美的世界里，并不是我们所认识到的所有的有益的事物在实践中都能相容。而是说，我们不可能没有损失地拥有一个融贯的有关这个世界的概念，不同的益品就其本性而言是相互冲突的，不存在一个没有冲突的图式来和谐地容纳所有这些益品。"

威廉姆斯还强调指出："如果存在众多且相互竞争的真实的价值，那么一个社会强调单一价值的程度越高，这个社会对于这些真实存在的价值的压制和忽略就越多。在这个意义上，价值越多就意味着越好。"

在1981年《价值的冲突》一文中，威廉姆斯回顾了多种消弭冲突的观念形态。比如分析哲学及其先驱认为价值冲突是社会思想和道德思想的一种病态表现，黑格尔和马克思认为可以通过一种历史过程来克服，而诸多理性行为理论也都把尽可能地减低冲突视作理性行动者的行动目的。威廉姆斯提出："价值冲突根本上说不一定是病态的，而是一种在人类价值中必然涉及的东西，而且，按照对人类价值的某种恰当理解，它要被看作是中心的。"而政治就是对于冲突问题的解决。

后来在1994年，威廉姆斯与伯林曾合写文章批评当代学者克劳德对多元论与理性可理解性的误解。伯林的"价值多元主义"的一个核心观念是人与人之间存在着不可通约的价值。价值的不可通约性决定了政治是一种竞争性的人类生活。乔治·克劳德认为，当不可通约的价值之间相互冲突时，在这些价值之间的选择就会是"不能由理由来说明的"。伯林和威廉姆斯批评了克劳德的这样一种看法。在伯林和威廉姆斯看来，不存在"共同的衡量或排序"标准。这一方面意味着，"不存在像功利主义所承诺的那样的共同的比较尺度"，另一方面，在更为广泛的意义上也意味着，"也不存在着诸如词典优先规则那样的解决冲突的确定的一般程序"。但是，如果一个人在某个环境中合乎理性地选择了两个冲突价值中的一方，而当他在另外一个环境中又选择了两个冲突的价值中的另外一方，伯林和威廉姆斯也并不会因此认为这个人的后一种选择就一定是不合乎理性的。也就是说，多元论与人们理性地去行动是可以兼容的。伯林与威廉姆斯并不反对每一个人在具体环境中的理由排序，但是认为在总体上列出价值清单，并一劳永逸地完成清单上的所有价值的固定排序是不可能的。也就是说，他们会认为，一个为所有人的价值进行统一排序的整全的政治合理方案是不可欲的。

二十年后，在以赛亚·伯林逝世周年纪念会上，威廉姆斯发表了后来被冠以《自由主义与损失》标题的演讲，进一步阐释了他在《概念与范畴》导言中所表达的思想，那就是：价值观念的存在必然以价值的一定损失为代价。很显然，威廉姆斯进一步强化和突出了伯林多元主义中价值冲突的悲剧因素。威廉姆斯认为："各种价值将会冲突——如伯林所言——是一个概念性的真理。"首先，存在着对于概念的本地理解的多元性。"一个给定价值的轮廓形态是不同的，也就是说，对那个模板的历史文化阐释，以及或许在某种程度上这个模板的概念本身在各方之间存在差异……某种阐释（比如说）自由价值的方式是我们明白的；而与此有所不同的另一种阐释方式是另一些人明白的。而且，另外那一种把握自由的方式对他们有意义，这本身也是我们可理解的。"当然，这并不意味着我们对于这样一种差异无话可说，但是，正是因为我们有着共享的境遇，才使得我们对于我们的差异感受更加明显。其次，即便不是这样一种本地理解的多元性，在一个多元化程度较低的社会里，也会遇到比如说"作为经由他们的历史实现而协调展开的对自由的基本旨趣和对正义的基本旨趣。可能会造成这样的情况——对于一个争端的某个给定的解决方案，按照正义的轮廓形态来看是积极的，而按照自由的轮廓形态来看是消极的；反之亦然"。因而，这个系统是非常具有冲突性的。

威廉姆斯的多元主义立场还可以在他对罗尔斯交叠共识的看法中得到更为深入具体的印证。1994年，《我思》杂志曾经对威廉姆斯进行过一次访谈。在这次访谈中，《我思》杂志提出，在近期的道德哲学中存在着一种倾向，这种倾向主张将规则与理想分开。在规则体系中，我们可以合理地期望达到交叠共识。理性的个人能够就相互有利的规则集达成一致，而同时能够固守各自的理想目标。威廉姆斯评价说，他个人认为，这种方法取向有很大的局限。"这种潮流是想参照构成美国宪法实践以及写进美国宪法中的多元国家观念的诸原则来将大部分道德哲学，当然也包括将政治哲学结构化。在这方面最为综合的努力就是罗尔斯的近期著作《政治自由主义》，该书将其《正义论》的理论结构应用于更为明显的政治主题。我个人认为，该方法的局限性要大于罗尔斯所承认的。规则集的观念，正当的确定可以独立于善理论，这在我看来是过于乐观了。这部分地是因为，我同意查尔斯·泰勒的观点。他主张，约束规则结构的正当观念更多的是由某些优先之善构成，或者是以这些优先之善为基础，这种特征的决定性要远比罗尔斯所通常承认的要高。我也认为，由不同的多元群体所持有的善观念或理想要发挥着大于罗尔斯所能承认的更大影响，在这一过程中，这些善观念或理想促成了为大家所共享的正当结构。"

罗尔斯认为，在像美国这样的多元国家中，如果你要参加政治投票，你独自的善观念就不能构成你投票的理由。也就是说，在罗尔斯看来，你应该能够形成一种独立于个人善观念的正当观念，你不能基于政治候选人的个人善观念（比如他在堕胎或宗教问题上的基本主张）而投票给他。

威廉姆斯则认为："我事实上认为，如果你拥有并不那么纯粹的观点的话，事情可能会更好。罗尔斯非常强调共享的正当结构不能被当作权宜之计。这就将形成一种原则化的正当观念。非常奇特的是，在这里我认为，如果我们真的把正当规则看作仅仅是权宜之计的话，我们就能够容纳更多不同的善观点。在这里，我认为一种霍布斯式的解决方案将更为健康。因为它给人们提供了关于何为攸关事件的更为鲜活的感受。他们知道他们不能得到最佳秩序，因为这将需要关于善的同质信念；他们也知道持续争斗的代价是可怕的。这将给予他们一些鲜活的感受，让他们认识到他们为什么应该共处，为什么他们应该有一些共享的善观念。在我看来，这将要比罗尔斯的理想版本给出关于相关事务的更为有力的说明。"威廉姆斯在这里所持的观念与他关于"价值越多就越好"的主张是相一致的，因而可以说是他的价值多元主张在政治领域中的看法延续。

从价值多元到政治竞争

在政治道德主义与政治现实主义之间，威廉姆斯倾向于政治现实主义。由于他在《泰初有为》一书中的那篇著名文章，以及与之相关联的他的价值多元主义立场，威廉姆斯被认为是当代政治现实主义的代表，已经有相当丰富的文献着手研究威廉姆斯的这样一个政治哲学主张了。但是，从一个伦理立场的价值多元主义怎么就过渡到了一个政治立场的政治现实主义，学者们在这样一个问题上的交代却显得有些不足。

前边在分析威廉姆斯的价值多元主义主张时，我们就已经提出，伯林与威廉姆斯的价值多元主义主张用竞争冲突的模式来分析不同的价值持有者。我们也可以说，价值多元主义坚持一种竞争与冲突的模式。

为什么我们在这里既强调竞争也强调冲突？原因在于，有人认为竞争的结果可能意味着竞争的各方最终会达成合作的结果。这些学者以亚当·斯密所描绘的市场机制为例，来说明竞争并不总是意味着冲突，而是在合适的机制下意味着合作。伯林与威廉姆斯的立场则相反，他们承认价值的竞争，并且特别强调竞争的价值之间最终处于一种持续的冲突状态。这种立场应用到他们对于政治生活的考察，就出现了后来约翰·格雷所描绘的"相互竞争的自由主义"和作为"权宜之计的自由主义"。

约翰·格雷关于竞争的自由主义的提法最早见于他发表于1991年的文章——《伯林的竞争的自由主义》，该文后收入其《后自由主义》一书中。在其出版于1995年的《伯林》一书中，格雷交代说："就像道德生活一样，政治生活中也存在一些在敌对的善和恶之间的基本选择，此时理性弃我们于危难而不顾，我们无论怎么选择都要导致一些损失，有时甚至会出现悲剧。我把伯林的由价值多元论引致的这种政治观称为'竞争的自由主义'（agonistic liberalism）……伯林的基本思路不是自由的竞争而是竞争的多元论。"

约翰·格雷认为，既往的自由主义，不论是霍布斯或洛克的自由主义，还是康德或米尔的自由主题，它们的核心都是理性选择的概念。而这种概念正是伯林的价值多元论要着力推翻的。伯林的自由主义"承认理性选择的局限，肯定基本选择的现实"。

约翰·格雷关于"竞争的自由主义"的提法早在伯林在世时就已经提出。非常有意思的是，在格雷提出这种看法之后，伯林也非常认真地与威廉姆斯一起撰文批评一些学者对于价值多元主义的误解，而对于格雷的上述总结，伯林则从来没有表示过反对。原因就在于，格雷的总结的确代表了伯林价值多元主义在政治生活中的表现可能，并且也进一步强化了伯林价值多元主义与当代自由主义的紧张关系。格雷的提法也为我们带来了另外的一个重要思想，那就是对于多元价值竞争特征的强调。其中的竞争特征不但可以应用到对于多元主义的分析中，而且将其应用到对于整个政治生活的分析中。事实上，就多元主义和现实主义对于政治生活的分析方式而言，无论二者是否严格对等，二者的确都共同享有了一种权力竞争（agonistic power）的分析模式，或者说分享了看待政治问题的政治竞争感。

非常有意思的是，伯林与威廉姆斯既都坚持价值的多元主义，也都同情和主张政治的现实主义。在他们所坚持的这两种主张中存在着一个共同点，那就是政治现实主义与价值多元主义都主张用竞争与冲突模式来分析问题。现实主义从根本原则上将价值多元视为一种不得不承认的基本现实。现在，我们需要做的就是，从价值的多元主义如何能够过渡到政治的现实主义。

对于这个问题的一个回答就是：从多元价值之间的相互竞争到现实主义的权力竞争必然要求一个基本的过渡，多元价值之间的竞争在人类的政治生活中必然表现为权力的竞争。而权力竞争是现实主义分析政治的核心要素。

价值是权力，这一判断并不为人们所直接接受。但是在政治领域，价值可以转换为权力。而在竞争的意义上，价值必然转换成为权力。人们的利益（interest）可以通过市场手段加以解决，但是人们的价值在政治的意义上则注定是冲突的。政治的竞争必然是有得必有失。伯林将这一点视作深刻的人类悲剧。对于什么是权力，大家的表述可能略有差异，不过大家都承认，它是一种支配力量。在政治生活中，笔者将这种支配力量定义为对于资源的支配权和规则制定的优先权。我们可以根据个人或群体在支配权或优先权序列中的权重比例，将其权力转化为可以加以客观量度的权力单位（power unit）。而通过"价值竞争在政治生活中必然表现权力竞争"这样一个过渡，我们就可以顺理成章地理解威廉姆斯的政治哲学主张了。

考虑到威廉姆斯对于价值多元主义的坚持，对于政治现实主义的发挥，以及对于近代以来自由主义的尊重，我们可以根据这些不同主张在学理依据上的顺序，把威廉姆斯对于政治的基本立场界定为：基于多元主义的现实主义的自由主义。他最终还是自由主义的，他尊重并且捍卫自由主义的某些成果，但是他不满意于近代以来对于自由主义的某些辩护模式，尤其不满意于从康德式自主性观念出发和功利主义的效用计算为方式的辩护模式。对于自由主义的基础，威廉姆斯另有想法。针对自由主义政治的困难，威廉姆斯的估计也要比现有的辩护模式更加充分。

什么是"政治的"

以《泰初有为》一书的开篇文章《政治理论中的现实主义与道德主义》为标志，威廉姆斯被看作是当代政治哲学领域中政治现实主义的代表人物。在该文中，威廉姆斯提出要以现实主义来替代政治理论研究中的道德主义，赋予政治理论研究以更大的自主性。尽管威廉姆斯措辞很谨慎，只是说要赋予政治理论研究以更大的自主性而不是完全的自主性，不过一般认为，威廉姆斯的主张承诺了一个政治自主性的主张。

展开来说，政治自主性是指政治制度、政治规范与政治相关概念的成立理由内在于政治活动自身的特征之中，既不必要也不可能从政治以外的其他领域为其寻找基础。（在经过了这样的定义限制后，威廉姆斯的措辞"政治理论研究"也就是我们通常所说的政治哲学了。）

政治具有自主性的主张自马基雅维里以来就已经产生，并且已经成为近代以来政治理论中诸竞争命题的代表性命题之一。那么，我们在考察威廉姆斯的政治自主性命题时，就需要交代威廉姆斯主张与近代以来就已经存在的这一命题的同与异。在相同的背景中，我们需要进一步深入揭示该命题的理论支撑。而在差异性这一点上，我们会特别关注威廉姆斯对于该命题的独特贡献。

威廉姆斯自己在该文中，只是对比了政治理论中的道德主义与他所主张的政治现实主义，并且也只是很谨慎地说，期望赋予政治理论研究以更大的自主性。因此，他的政治自主性命题，宗旨是要让政治理论的研究独立于道德主义。不过，如果我们坚持政治的自主性命题，我们就会发现，我们的政治理论研究不但可以独立于道德主义，而且可以独立于以自然法等为代表的理性主义。

当我们这样表达时，我们的一个暗含假设是，我们的政治哲学既独立于一种系统化的伦理体系，也独立于对于理性的系统化的使用。前者是威廉姆斯在其文章中所要表达的观点，后者是本文观点，也即我们可以从逻辑上把威廉姆斯的观点作进一步推广。

在威廉姆斯的假设中，我们需要区分系统化的伦理体系与一般意义上的政治生活。因为，严格来讲，威廉姆斯只是很谨慎地承诺说，系统化的伦理为政治哲学奠基，这一点主张既不必要，也不可能。但是威廉姆斯并没有就政治生活与道德评价的关系作出严格的承诺。而且，在我们的讨论中，争议最大的就是道德评价与政治生活的关系。一般的常识直觉认为，政治生活与道德评价密不可分。所以我们会发现，威廉姆斯的政治自主性承诺是一种理论与另外一种理论的关系问题，在这种意义上它是一种应然的规范问题，而不是一个实然的政治活动的现象中的问题。对于威廉姆斯的政治自主性命题的抵触，有很大一部分都来源于这样一种对于不同层面问题的混淆。

要想理清威廉姆斯的政治自主性命题，我们就需要顺次理清何为"政治的"，何为"自主"，以及这些概念是以什么样的关系嵌套在一起的。

关于什么是"政治的"，威廉姆斯另有一篇文章《从自由到自由权：一种政治价值的建构》曾作出过专门的界定。在该文中，威廉姆斯特意就何为"政治的"这一问题提出了以下四个观点：

1. 政治哲学必须独立地使用政治的概念，诸如权力以及它的规范对应物即正当性；

2. 政治观念的焦点集中在政治分歧；

3. 可能的政治分歧包括关于政治价值——如自由、平等或正义——的解释的分歧；

4. 政治差异是政治对手之间的一种关系。

从表面上看，这四个观点本身似乎并没有什么特别的含义。但是，综合比较威廉姆斯在其他地方的论述，在经过了严格限定之后，我们可以把威廉姆斯这里所强调的四个观点简化为以下四个大家熟悉的词汇：权力（power）、冲突（conflict）、分歧（disagreement）和对手（opponents）。这样，我们就可以清楚地看到，威廉姆斯的政治观是一种现实主义的观点，这种现实主义观点在这样四个方面展示了自己独有的分析政治问题的模式：

    1. 政治问题的核心是权力；

    2. 权力参与各方存在着对于政治概念的多元理解；

    3. 这种多元理解预示着权力参与各方在政治生活中相互处于一种冲突关系之中；

    4. 这种冲突关系要求我们以竞争模式来理解政治。

也就是说，所有的政治现实主义主张都认为政治问题的核心是权力和权力的相互竞争。

考虑到威廉姆斯对于启蒙以来的现代民主制度和自由主义保持着一种拥护和尊重，我们可以略去中间程序的论证，把威廉姆斯的政治哲学主张描述成：基于多元主义的现实主义的自由主义。很显然，威廉姆斯与其他自由主义理论家的区别，在于他对于自由主义理论的论证路径存在着分歧。他反对康德主义的和功利主义的自由主义解释路径。果是这个果，但是对于何以生出这样的果实，威廉姆斯有着不同的想法。这种想法上的差异，一定是因为对于某些问题的基本假设，在看法上存在着差异。而这些差异将直接导致我们以一种全然不同的方式来描绘哲学的基本面貌，或者更为具体地说，以一种全然不同的方式理解和解释约束人类实践的社会规范。

在《政治理论中的现实主义与道德主义》一文中，威廉姆斯提出，政治的首要问题为霍布斯问题，也即解决政治冲突的问题。他同时提出，政治正当性是分级的，自由主义所提供的只是一种特殊形式的正当性辩护。其行文的目的就是提供一条给予政治理论以更大自主性的思考路径。从其措辞来看，威廉姆斯主张政治自主性但不认为有完全的自主性。也就是说，威廉姆斯并不拒绝所有的外在的道德标准，他只是反对将政治道德化。同时也反对将政治看作权力与利益的赤裸裸的竞技场。他所坚持的政治现实主义，属于一种经过严格限定了的政治现实主义诸多理论中的一种。

在这里，威廉姆斯强调权力（power）与正当性（legitimacy）应该是考察政治行为的内在标准。因为，对于政治生活的任何评价都应该反映政治权力的本性以及对于权力运用的正当性要求。

威廉姆斯说霍布斯问题是政治的首要问题，对于基本问题的解决方案不应该再次成为问题的一个部分。而在可能的解决方案中，他提出基本问题的解决只是国家对权力的垄断具有正当性的必要条件，而不是像霍布斯自己所认为的那样同时是充分条件（霍布斯之所以这么认为，是因为在他的设想中，国家本身不应该成为被解决问题的一部分）。这样，威廉姆斯就把国家运用权力来解决基本问题与国家对于权力运用的正当性问题区分开了。威廉姆斯提供的理由是：权力并不必然正当，权力并不能为自身辩护。他称这是一个基本的公理。

对于威廉姆斯的工作，我们可以尝试在两个不同的方向上进行理论拓展。首先，我们赞成威廉姆斯对于权力与正当性问题所作的区分。而且，考虑到威廉姆斯所说的国家权力旨在解决我们大家共同关心的安全与秩序问题，我们将在政治领域考虑国家权力。这个时候，我们是否可以说，政治问题中同时存在着结束混乱和对结束混乱的手段的考察问题呢？如果是，那么我们是否可以把实现秩序作为政治的第一步问题来考察，而把对于实现秩序的手段的约束作为政治的第二步问题来考察呢？前者是一个政治的开端问题，而后者则是政治自身的内在平衡问题。本文作者后来在《霍布斯条件与洛克条件》以及《国家观念厚与薄》两篇文章中，分别阐述了这个被分离的问题的两个方面，并对它们各自的理论意义进行了更为严谨的限定。我们把对于第一个问题即霍布斯问题的解决称作"霍布斯条件"，相应地，我们也可以把对于第二个问题（我们可以说是洛克问题即政治权力的正当性问题）的解决称作"洛克条件"。

当我们说前一个问题是政治开端问题，而后一个问题是政治自身的内在平衡问题时，我们的措辞是否蕴含着什么呢？没错，我们的措辞蕴含着：这是两个不同性质的问题。或者说，我们在这里特意强调了霍布斯问题以及对于霍布斯问题的解决具有特殊的政治含义。简单说来，霍布斯为我们描述了人的生存的卑劣以及社会混乱的可怕问题。因此，霍布斯才提出了以政治社会替代自然状态的构想。因为这一点，我们才强调说，霍布斯问题触及了政治的有无问题。如果只强调政治正当性问题，则忽略了政治社会的开端。而开端如果没有，则奠基于政治社会的政治正当性问题就根本不存在。

需要补充的一个解释是："霍布斯条件"首先是一个政治的开端条件，其次是一个政治生活内部的调整条件。而"洛克条件"在这里则仅仅是一个政治生活内部的调整条件。当我们考虑到两个条件之间具有相互约束的关系时，我们也就把"霍布斯条件"与"洛克条件"并列，把二者共同看作是政治生活内部的调整条件。也就是说，"霍布斯条件"比"洛克条件"

要更为复杂与根本，它本身具有双重性。我们在说"霍布斯"条件逻辑上优先于"洛克条件"时，其实是在政治开端的意义上表述这个问题的。

在政治哲学讨论中，对于为什么需要垄断暴力，人们的认识存在着盲点。简单来说，垄断暴力是为了以暴力手段为后盾，强制其治理之下的公民以讲理方式和平共处。也就是说，至少在人类政治生活领域，一个强制推行的讲理体系，其背后的基础是暴力垄断。这种垄断形成了主权。只有主权者才可以使用暴力，其他人只能被允许以和平方式解决相互的利益与观念冲突。在这个意义上，"霍布斯条件"意味着政治的开端。

人造物、约定论与持续建构

对于道德主义的批评和对于政治自主性的强调，是问题展开的最为传统的方式。但这并不是问题的根本。要想理解这一问题发展的全貌，我们需要作一深入的回溯。

政治自主性主张在马基雅维里那里已经得到展现。对于马基雅维里那里所呈现出的政治自主性命题，克罗齐是这样表述的：马基雅维里"清楚地认识到了政治的必然性与自主性（the necessity and autonomy of politics），认识到政治是超越道德善恶，或者更准确地说是在道德善恶之下的，认识到政治有其自身不可抗拒的法则"。这一表述中提到的"必然性"或"必需"观念，正是政治理由或国家理由之作为独立理由得以可能的基本原因。为一强大有力的政治共同体之故，我们必须考虑某些事情。但这种展现其实是和政治作为独立的人造事实或人造物品的观念联系在一起的。马基雅维里强调政治不能用世俗的道德标准来加以衡量，他是想说，政治是一个发挥独特功能的机体，应该有着自己的追求和自己的评判标准。而这些独立的评判标准是不同于传统的世俗评价标准的。或者说，为了把政治当作政治看待，完成属于自己的任务，政治应该就是自成一统的。很显然，阅读者与研究者中有不少的人担心政治因为这些论断而成为脱缰的野马，因此就有了对于这些论断的种种限制与修正。但是很显然，政治作为独立的人造物的观念就此出现。国家因此也开始成为一种更为具体和更为独特的人造物。

说政治是独立的人造物，是说人们从此认为政治不是一件自然的事情，而是十足的人类约定。这样一种想法与古代（以希腊的自然与约定的二分为代表）关于政治的研究主张发生了断裂。政治作为人造物的主张和政治作为人类约定的主张，在霍布斯和休谟那里得到了进一步的阐发。而作为一种独特的近代构造，国家形态开始出现，人们对国家的任务与性质的认识开始发生变化。现代的人们认识到，国家应该足够统一、足够强大和足够规范。不过国家形态应该具备的基本属性，是通过不同的政治理论家分别地逐步地完成的。我们通过回溯，逐渐地将现代国家应该具备的基本属性建构出来。

因此，政治制度、政治规范以及与之相关联的政治观念如正义、财产权等应该是一种人造物，是一种基本的社会约定，是通过社会建构而逐步成熟与完善的。也就是说，关于它们，我们需要承认人造物的事实、社会约定的事实和社会建构的事实。与这些基本事实相关联，我们主张政治具有自主性，附带主张政治不应该也不能够从政治以外的伦理或自然法中去寻找论证基础。

上述论述的一个进一步表述就是：政治制度是人为设计

的，相应的政治规范及其规范效力依赖于人为约定。并且，我们对于政治制度和政治规范的性质的认识是一个不断建构的过程，不能指望，也不可能从某一个思想家或某一类思想家那里获得关于其性质的全部知识。或者，简单说来就是，现代政治制度具有强烈的人造性、约定性与持续建构性。

指出现代政治制度的这三个基本特性，同时也就支持了政治自主性命题。但是从理论思考的公平原则出发，我们似乎应该进一步站在反对这种思考方式的理论家一方，看一看他们在担忧什么，以及我们是否有机会打消他们的疑虑。

在承认现代政治制度这三个基本特性的现代政治理论家中，不同的理论家会以不同的侧重和不同的取舍来谈论这些特性。毫无疑问，他们都承认现代政治是一种人造物，但是只有部分人会说政治规范是约定的（约定论者之间也存在着差异，休谟强调的是一个习俗传统，而霍布斯自己则是一个原子主义的构造传统），并且只有更少的人会持一种持续建构的主张。因为，我们提到的第三个特性，其表述本身就是一种复合的。首先，它承认政治制度与政治规范是建构的。其次，它认为这样一种建构是一种持续不断的进行过程。而当我们提到建构论时，我们就不得不面对哲学中的建构论与实在论的争论。这种争论在政治理论与法学理论中的一种体现，就是自然法主张与实证法主张的争论。同样，在面对不同的政治理论家的不同理论构想时，有些理论家就主张一种不同理论的异质说。也就是说，他们强调不同理论的自我统一性，并且强调不同理论家之间的概念框架与分析路径总会存在着不可通约的内容（比如斯金纳近期研究中对于马基雅维里理论独特性的强调）。

这种争论将把我们带入一个更为复杂的理论基础层面的讨论。本文将暂时不深入这些讨论中，而是想指出，当我们提出现代政治制度的基本特性时，我们如何反驳各种实在论的、还原论的，或者说是基础主义的主张？现代政治制度的基本特性，在其被树立之初，就有了被其拒之门外的一些基本理论对手。而道德主义则是最先，也最经常地被列为讨伐对象。更为深入地去思考这个问题，我们就会发现，自然法传统乃至理性主义传统都将被逐一列入批评之列。因为它们在哲学上的共同表现就是实在论、还原论和基础主义。

但是，我们同时也需要思考的一个问题就是：道德主义与自然法的主张者到底在担心什么？一个简单的回答就是：他们担心，或者干脆就是认为，作为人造物的制度、规范及相关政治观念本身无力保证自己的正确性。因此，他们提出，一个制度，一种规范或一种观念，其本身是否正确，需要一个外在的标准。而一种道德体系或一种自然法的说明，就是保证这种正确性的可能选择或可靠选择。因此，要想批评道德主义与自然法主张，就需要在强调上述三个基本事实的框架之内，相应地给出关于其正确性何以能够得到保证的基本说明。只有当这样一种说明充分有效时，道德主义与自然法传统的基本担心才能够被彻底打消。也只有在这个时候，这种说明才能够与三个基本事实所要表达的政治独立性相匹配，完成关于政治自主性的完整证明。

近代以来关联于政治本性的三个基本事实在多大程度上能够支持政治自主性命题，我们可能需要分别地来加以考察。人造物的事实并不必然支持政治是自主的。约定论的事实只是部分地支持政治的自主性。而持续构造的事实则只是具有一种方法论的意义，因而完全不可能用来支持政治的自主性命题。

学者威比克指出，约定主义的理论被用来解释规范，但并不被用来解释所有规范，而只是被用来解释社会规范。这些社会规范用来调节能动者之间的行为的规则，而这些行为具有结果上的相互依赖特性。结果相互依赖，是说这样一些结果是能动者不能独立于他人而独立获得的。

政治自主与道德考量

与政治现实主义对于政治基本面貌的描述相关联，政治现实主义同时主张政治具有自主性。这个主张一方面强调了政治的独特性与封闭性，另一方面则延伸出对于政治哲学中伦理传统考量的批评。

政治的自主性是指：政治制度、政治规范，以及政治问题的相关观念，可以并且只能在政治领域自身范围内来加以说明，既不可能也不需要经由政治领域以外的其他因素来进行说明。这一界定可称作关于政治自主性的"原则性说明"。而政治现实主义的政治自主性主张可以从如下几个方面获得说明。第一，政治制度、政治规范，以及政治问题的相关观念是一种人造事实，其本身有着独立的目的与功用。我们不能以政治构造功能以外的理由来为政治的人造物特性作出说明。第二，政治规范的规范性来源于人类约定。第三，权力的不可还原特性决定了政治有着不可化约的硬核，政治研究的核心是权力与权力竞争。第四，个体理性不同于集体（合）理性，个体行动的逻辑不同于集体行动的逻辑。集体行动有着属于自己的独特理由。第五，政治道德不同于私人道德，对于政治的价值评价是构成性的与内生的。我们把这几个说明维度称作关于政治自主性的"支持性说明"。

在威廉姆斯那里，政治自主性论题至少从如下两个方面得以展开：一方面，政治有着属于自己的独特事务，政治要处理的是一种冲突与分歧关系；另一方面，关于政治正当性的辩护应该以政治的而非伦理的方式展开。威廉姆斯在这两个方面的工作，其实际效果是不同的。通过后面的论证我们会发现，以"硬核论"来强调政治具有独特事务，或者说像马基雅维里那样强调政治是一种特殊的"必需"，这一点很容易论证政治是自主的。人们在这一点上通常不会产生分歧。但是当我们要想强调政治应该独立于道德化的伦理理论，或者是应该独立于道德的评价时，这样的论证就会带来很大的不确定性。目前为止，我们可以说威廉姆斯已经比较成功地论证了政治哲学的思考应该独立于道德化的伦理理论，但是我们却不能够完全肯定地说政治应该独立于道德评价。

威廉姆斯明确强调了政治作为人为设计而存在这一基本事实。在《羞耻与必然性》第五章结尾，威廉姆斯指出：现代自由主义"交给自己的使命，是去构建社会正义框架来控制必然性和运气……如此设定问题，这是现代的突出成就"。在《泰初有为》一书中，威廉姆斯分析说，现代社会已经被制度化。随着现代性的展开，对于人际冲突问题的解决，原来是基于私人伦理信念而作出决定，现在则让位于基于所颁行规则的公共制度而作出决定。因此，冲突问题的解决被公共关注，并且受可公共表述的原则的支配。公共规则不同于私人的伦理判断，它独立于个人的合宜感。伦理判断在介入公共生活后性质改变。

但是政治哲学能否独立于道德考量，单纯内在于政治地给出关于政治正当性的辩护，或者说，政治哲学与道德哲学的关系到底应该是什么样的。这一问题关系到政治自主性作为一个独立命题能否成立的问题，因此在最近几年来的威廉姆斯研究中不断被重新提起。

在论证政治规范应该是内在地产生时，威廉姆斯曾经提出："我们必须承认我们出场的方式不过就是我们出场的方式，我们必须生活于这样一种出场方式之中，而不是极力证明这种出场方式。"而任何基础主义，包括建构论式的基础主义，都绝不可能得到它所想要的东西。"任何理论都只在其所赖以表达的历史环境（historical situation）中才能有其意义，才能在某种程度上整理政治思想和政治行为，而该理论与此历史环境之间的关系不能够被完全理论化，也不能完全在反思中被捕捉。""因为政治方案总是由其历史环境所限定，不仅为其观念背景所限定，而且也为其经验现实所限定。"而"环境几乎可以说永远不是为我们的思想所造就，而是为其他人的行为所造就。因而，我们的思想能否使得政治有其意义，事实上是极不确定地依赖于其他人的行为"。

威廉姆斯主张，诸如政治正当性这样的概念，要受制于特定的历史结构。"对于我们来说，在一定的历史结构中它是有其道理的。"威廉姆斯的表述可作如下归纳：1. 正当性评价嵌套于特定的历史结构中；2. 在一定的历史结构中有其道理；3. 正当性是分级的。综合考量威廉姆斯这三个方面的主张，我们可以进一步认为，威廉姆斯提出了一个关于人类实践是否合理的合理性评价标准。这种评价标准本身是嵌套于特定的历史结构中的。而正当性是合理性评价在政治生活中的具体反映。也就是说，可以认为威廉姆斯提出的"因特定历史结构而有其道理"的模式，其本身适用于所有的人类实践规范。也就是说，人类的实践规范都是这样产生的。用威廉姆斯自己的话说，这些规范都是依据于自己的实践特性而内在地构成的。

针对威廉姆斯的这种政治自主性主张，其学生兼好友，美国的伦理学家努斯鲍姆在其纪念威廉姆斯的文章中提到了她认为令她相当困惑的一个重要问题，这个问题涉及伦理与政治的关系。"威廉姆斯单挑出罗尔斯作为那一类被批评的道德理论的一个例子；而其后期陈述似乎又表明他还是能够承认具有了政治特性后的罗尔斯理论的作用。不管怎样，将一种政治正义的理论期望视作一种可接受的愿望，而将个人道德理论视作一种不可接受的愿望，这种区分对待的缘由还是不清楚的。威廉姆斯无法系统地接受罗尔斯关于社会正义和政治正义的不同观念，因而留下了一些尚未解决的重要问题。"可以肯定，努斯鲍姆并不认为威廉姆斯的政治自主性命题是理论连贯、论证充分的。相反，她认为这中间存在着大量需要解释的问题。

当代学者斯里特同样对威廉姆斯的主张存在着疑问，但其思路与努斯鲍姆并不相同。斯里特认为，我们的确可以接受威廉姆斯关于政治的内在要求是政治正当性的必要条件的主张，但是我们可以进一步对这个命题作一个小小的友好补充。这个补充就是：与历史、道德等相关的外在考量是政治具有正当性的一个充分条件。拉莫尔也认为，政治哲学应该是一个更为自主的学科。我们也许各有不同的道德主张，我们甚至能够说明各自论证的对与错。但是当我们开始讨论我们在一起应该如何生活的问题时，我们的问题就成了一个政治哲学的问题。尽管拉莫尔也主张政治哲学应该具有自主性，但是他又批评柯恩"独立于事实的原则"这种主张，认为我们的原则总是事实依赖的。因此，拉莫尔自己的结论是：政治哲学的本性不同于道德哲学，但是道德哲学的基本概念与原则可以在并且一定会在我们政治哲学的讨论中发挥作用。斯里特与拉莫尔的主张可以被称作关于政治自主性的弱主张。

对于政治自主性命题的一个重要批评，就是认为政治不可能脱离道德的考量。这个批评从善意的方面说，是对政治自主性命题的友好补充，因为它道出了我们对于政治与道德关系的基本直觉：政治终究是要辨别善恶的，或者说，即便政治是一种人为设计，但是设计初衷就是要追求善的改进。但是严格来讲，这些直觉在表述上存在着含混。我们可以从如下三个方面来对这种似是而非的直觉作出批评。第一，辨别善恶是一个价值的问题，而不是一个道德的问题。第二，政治的辨别善恶，其标准可以是内在的和构成性的，因而是无须外求的。第三，即便存在着政治与道德善恶之间的联系，有联系和要以后者作为论证基础仍然是完全不同的两件事情。政治自主性主张是要批评那种还原论的或基础主义的主张，也就是批评那种以道德原则作为评判政治生活的基础的主张。也就是说，政治自主性主张批评的是还原论，但并没有因此否认政治与道德可能存在着联系。需要进行补充的是，即便我们有时可以拿道德的准则来评价政治，政治本身的评价其实也可以与这些评价无关。也就是说，政治本身的评价已经是自足和闭合的。

与我们的这种界分相对应，雷蒙·盖斯的主张可以被称作关于政治自主性的强主张。在其新近文章中，雷蒙·盖斯非常坚定地认为威廉姆斯一直致力于将伦理学政治化。毫无疑问，威廉姆斯埋葬了伦理学科，向我们提出了"一个人该如何生活"的问题。对于这个问题的回答，威廉姆斯的方案可"追溯到亚里士多德，亚里士多德的一个伦理主张就是认为伦理是政治学的一部分。在威廉姆斯看来，可以取代哲学伦理学的，就是政治学"。盖斯认为："至少在其成熟时期，也就是从1980年代开始，威廉姆斯不再做'伦理学'——如果做伦理学是指致力于提供一种非常一般性的，以理性为基础的学说的话。"在雷蒙·盖斯这里，伦理学只是考量人类政治关系的一个组成部分，它所使用的思考方法，如亚里士多德式人性论的和康德式理性的方法，都应该屏弃，我们需要重新采用一种有历史的哲学思考。

多元主义、自主与冲突的政治

威廉姆斯政治哲学中的另外一个争论话题就是多元主义与政治生活，以及与自由主义的关系问题。而多元主义与我们讨论到的"自主"概念关联密切。多元主义首先表现为价值的多元主义，只有通过一定的约束条件的限制，我们才可以进一步谈论政治领域的多元主义问题。而价值多元主义的一个逻辑假设，是存在着各自有其价值主张的主体。假如像伯林与威廉姆斯那样主张价值是多元的，部分多元价值之间存在着冲突，而且这种冲突具有永恒特性，那么其实也就同时主张了一个具有自主特征的主体的存在。伯林与威廉姆斯所说的相互冲突的多元价值拥有一个持有者，那就是具有自主性的个体。而且，除了价值的多元主义主张之外，这个个体同时还是一个具有理性算计能力的个体。当我们说到理性能力时，我们是在说这样一个个体分享共同的认知结构与推理能力，因而具有共同的可普遍化能力。这样，个体的自主性所表现出的封闭性与个体的理性能力所表现出的普遍化能力之间也就出现了冲突。

自主概念首先意味着个人自主。但这同时就产生了个人自主与理论自主的关系的问题，尤其是这两类自主表现出的特征存在着很大差异。在个人自主中，自主首先意味着个人运用理智实现对于自我的成熟管理。但是当自主意味着自我管理时，我们同时也就会遇到自我管理的边界问题。所以，自主观念附带地产生出了能动者主体成为一个封闭的实体的问题。自主概念的原始含义是个人进行理智的自我治理活动。而自我治理则蕴含着对于外在治理（他主）的排斥。不但个人自主是这样的，政治的自主也是这样的。一个具有自主权的国家同时意味着对于外在干涉的排斥。而当我们把价值多元主义的因素考虑进来之后，自主观念的单子特征就表现得更加明确了。需要强调的是，这一特征并非自主观念的本意，却是这一观念的必然衍推。

当代的不少理论家已经认识到了这些概念之间的矛盾冲突。要认真讨论自主性概念与政治生活的关系，任何一个理论家（可参见拉莫尔）都不得不面对和探讨这样一个冲突。正如加弗尔所注意到的那样，在人类生活领域的自主与纯粹理论领域的自主，二者所产生的效果是不一样的。在理论理性领域，自主使得普遍性得以可能，而在实践理性的领域，自主使得实践主体成为主体（agent），但是同时使得行动者成为类似于单子的个体。考虑到社会规范最终其实应该收敛于弱实在论，那么这种具有单子特征的自主个体就仍然面临着一个在新的生活领域中与他者进行协调的问题。而这个协调是要部分以牺牲自主性为代价的。因此，正如社群主义对于自由主义的批评那样，自由主义在发明出自主的概念来为自己的政治理论进行辩护的时候，恐怕需要同时对自主概念的应用范围与应用方式加以约束，以防止因主体自主而导致的不可入性。

由价值多元主义出发，还进一步引发了多元主义的政治问题。在基于多元现实考虑政治问题时，我们在理论上仍然面临着上述概念之间的冲突。这种冲突的存在约束了我们的讨论可能，但是也丰富了我们的理论推论。其中一个重要的推论，就是由罗尔斯所主张的，政治哲学的讨论从此应该是政治的而非整全的。另外一个推论，就是我们可以认为，正是基于多元主义的现实，我们的政治生活将获得一块无法在其他领域加以解决的问题领域。我把这样一个问题领域的存在称作是政治生活得以存在的"不可化约的硬核"。威廉姆斯就坚持这样一种"硬核论"的主张。而无论是罗尔斯的"局部说"还是威廉姆斯的"硬核论"，都将支持这样的结论：政治有着自己的问题和自己的领域，从而有着自己的处理和解决办法；政治领域以外的其他问题尽管可以以各种不同的方式与政治生活发生关联，但是指导政治生活的规范应该并且只能在政治生活领域中加以解决。因此，主张政治具有自主性，这是一个必然的规范结论。

在现实生活中，威廉姆斯是一个现代启蒙运动的继承者，也是一个自由主义的民主政治的支持者。他所做的工作是批评前人误把沙滩当河床。而他在多元主义与自由主义的关系问题上，与伯林持有相同的立场。我们可以把威廉姆斯的政治哲学归纳为基于多元主义的现实主义的自由主义，并将注意力集中在了以竞争模式解释政治生活的维度上。也就是说，集中在了约翰·格雷式的"互竞的自由主义"角度上。而正如布莱克本所观察到的那样，在威廉姆斯那里，"困难在于，真正的多元主义并不意味着理解是不可能的，但是它却又总是威胁着理解的可能性"。因此，威廉姆斯的主张应该包含了更为复杂的一些问题。下边举一些学者的主张为例。

摩尔讨论了多元主义与相对主义的关系。假如多元主义成立，其规范后果是什么？摩尔认为，一旦我们假定多元价值间是不可排序的，则仅仅主张自由主义或仅仅主张权宜之计是道德上更可取的，就会不可避免地与价值多元主义相冲突。假如这一点是正确的，则可以认为，多元主义导向相对主义。

关于自由主义多元主义的关系，存在着多种不同的解释。其中一种观点可以被称作"蕴含观"。这一观点坚持认为，诸如自由主义的宽容之类的价值直接源于不同价值之间所存在的冲突，这些不同的价值无法被合适地作出评判。

斯里特把以威廉姆斯以及雷蒙·盖斯为代表的对于当代自由主义的批判称作来自"现实主义的挑战"。这种挑战所代表的新理论倾向强调政治的独特性和政治的自主性。前者是指政治有着自己应该处理的独立问题，后者是说对于这个具有独立问题的领域的辩护是可以并且也是应该独立完成的。这种独立性首先是独立于道德生活的考虑。通过合适的推理，这种对于政治自主性的考虑同时会对于自然法传统，对于哲学领域的理性主义传统提出质疑与批评。威廉姆斯非常明确、非常连贯地对于哲学思考中的理性主义传统提出了批评。这一点典型地表现在他对康德主义的系统批评。而在其他一些文章中，威廉姆斯也已经对于理性的作用及其局限性提出了明确陈述。而威廉姆斯没有展开的，则是对于契约论和自然法传统的批评。可以说，要想维护政治自主性主张，就得或多或少地触及对于契约论与自然法传统的批评。而这些工作，看来需要交由我们来逐步完成。

威廉姆斯自己特别强调了对于政治理论中的道德主义的批评。斯里特也已经注意到，这样一种批评不能不对自由主义以行动者的动机为中心的政治说明提出质疑，同时也会对于自由主义相对不关心利益的倾向提出批评。自由主义的这种倾向使得他们会轻视或忽视权力、等级、领导、判断、忠诚、激情、偶然性，以及政治的支配特性在政治生活中的作用。而"现实主义对于自由主义理论最有意义的挑战是其对流行的自由主义对于正当性解释所作出的批评"。由于现实主义认为政治分歧与冲突是政治本身的一个必然的不可抹去的特征，因此，对于如何运用政治权力，我们就不可能获得一个以同意为基础的说明。而后者恰恰是自由主义关于政治正当性的一个必然特征。普遍同意成为正当性的一个必要条件。大致说来，伯林和威廉姆斯强调了一种冲突论的哲学，批评了自由主义长期存在的和谐论构想。冲突论突出了（或者说假设了）自我的封闭特性，从而强化了政治能动者的行为特点，弱化了用统一的抽象规则对冲突各方进行规范化的可能性。针对伯林和威廉姆斯的这一理论倾向，一方面我们不能够去过分夸大这样一种封闭性，而应该参照人类的实践恰如其分地去理解关联概念如"自主"等。另一方面，我们或许可以通过引进类似"机制"这样的概念，绕过个人意志决定与公共行动目标之间存在的某些直接冲突。

罗尔斯在其《万民法》中称其万民法构想为"现实乌托邦"："一旦政治哲学扩展到人们一般认为是实际政治可能性之限度的时候，它便是现实的乌托邦。"而哈贝马斯在其新近文章中，通过分析人的尊严的观念在我们政治现实中所发挥的作用，提出"理念和现实之间的这种紧张，随着人权的实定化而进入现实本身，它迫使我们今天面对这样的挑战，即以现实主义的态度思考和行动，但不背弃乌托邦的追求"。两位学者讨论到乌托邦概念时，其思考背景存在着差异，但是二者却强调了同一个问题：要在现实的基础上讨论我们的乌托邦构想。罗尔斯强调要以乌托邦提振现实，哈贝马斯则强调要以现实主义的视角收窄乌托邦构想，以期使得乌托邦构想能够真正走入我们的现实生活中。威廉姆斯的政治哲学突出了政治参与者的能动性，批评了伴随着理论化而带来的理论本身的乌托邦化，以及对现实的严重背离。与罗尔斯和哈贝马斯的晚近努力一样，威廉姆斯旨在收紧理想与现实的距离。与前两者不同的则是，威廉姆斯似乎对于乌托邦构想抱有更强的排斥立场。原因在于，威廉姆斯认为乌托邦构想注定外在于政治行动者的主观动机。与其被一个外在于我们的梦想牵引前行，不如挥舞手中的矛枪投入战场。

结　语

　　大致说来，我们可以看到威廉姆斯也有自己的理论设定。这个设定就是"每个人都有自己完整的人生计划"。也即强调人的完整性。当威廉姆斯这么表述时，他采取的是一种特别形式的个人主义立场。

　　这个设定的一个关联主张就是性情说。性情说是说人具有自然意义上的性情倾向、禀赋气质、性格特征。这种性情倾向、禀赋气质、性格特征是自然而然就带来的，某种意义上还可以说它是一种生物性的、心理性的和现象性的。或者说，它就是一种可以被观察到的基本事实。哲学上有时把这样一种可观察到的基本事实称作"事实性"。

　　与"每个人都有自己完整的人生计划"相关联的另外一个问题，就是我们称作"真实性"与"本真性"的东西。对威廉姆斯的相关想法可以与尼采的相关想法结合起来考察。这种想法的一个重要线索来源，就是威廉姆斯的《真与真实》一书。说到本真，不免仍假定有一种特别形式的个人主义立场。本真依托的仍然是实践中的个人，但是考量的则是个人所表现出的德性。

"完整的人生计划""性情说"与"真实性"和"本真性"，这些被思考到的问题构成了威廉姆斯伦理考察的底本。他用完整性来衡量近代以来形成的两大规范伦理学，康德的义务论与后来的功利主义。沿着这样一种考察，"完整性"概念几乎可以用来指责各种系统化的理论体系。造成这种局面的一个根本原因，恐怕需要进一步深究。一种重要的可能，就是任何理论都有取舍与抽象，而伴随着取舍与抽象，我们已经先行进行了价值的与思考方式的判断与分别。也就是说，任何一种系统化的理论都将是对"完整性"本身的一种可怕疏离。在"完整性"的尺度面前，任何理论都是成问题的。这就是人们声称威廉姆斯"反理论"的根本原因。

　　伴随着对于康德伦理学和功利主义的批评，威廉姆斯还进一步发现了这些理论在基本假设与基本方法上的其他问题。这些问题概而言之就是犯下了理性主义与道德主义的错误。首先，任何一种学说一旦系统化为理论，就已经会出现上述对人的"完整性"的疏离。其次，理性主义与道德主义结合在一起，就会出现理性化的道德主张。这样一种主张注定是要以将德性带离运气和偶然性干扰为己任。而在威廉姆斯看来，发现人类德性不能免于运气的干扰，就必然意味着一种完全不同的道德思考方法。这种方法内在地对于理性主义本身所承诺的时空无差异的评判能力提出质疑。这也就难怪在批评理性主义与道德主义这两个方面，威廉姆斯与尼采产生了如此强烈的共鸣。以至于和尼采一样，威廉姆斯也注定会从修昔底德所代表的现实主义的思考方式中汲取到力量。因为，这样一种思考方式是"毫不自欺的以及在实在中而不是在'理性'中，更不是在'道德'中发现理性的绝对意愿"。

　　威廉姆斯把这样一种立场的具体表现总结为哲学需要一种

历史感。也就是说，哲学要承认并接受我们是生活在历史中的和偶然性中的，我们所使用的概念范畴与推理方式严重地依赖于历史的偶然性。概念含义的厚薄强弱是会随着历史的变化而变化的。不存在着一种一劳永逸的理性反思的时刻，自这样一个时刻以后我们就可以赋予某些概念范畴确定不变的含义了。因此，也就不存在着理性主义向我们所承诺的那样一种理性反思的永恒不变的力量。理性反思是有其力量的，但是反思的力量是极其有限的。

在这样一种思考方式影响下，威廉姆斯的哲学就具有了非常强的相对主义色彩。不过，威廉姆斯也并不认为相对主义就意味着怎么都行。相反，相对主义有着严格的环境条件限制。威廉姆斯称自己的立场为一种距离的相对主义立场。在进入我们共同生活的视野范围之后，拿相对主义作为逃避真理辨别的幌子，是一种严重的不真诚的行为。

与"完整的人生计划"这样一种个人主义的底本相关联，威廉姆斯还主张价值的多元主义。价值多元主义内在蕴含着一种竞争与冲突观念，因而主张价值多元主义，就使得威廉姆斯特别强调政治的竞争与冲突特性，反对以理性主义为代表的和谐与一致主张。格雷称这样一种立场在政治中的表现就是冲突各方只能达成一种"权宜之计"，并不存在一种一劳永逸的政治解决方案。这样一种立场是对当代政治哲学中强调和谐立场的各种主张的一种强硬反击。这种立场优缺点参半，其弊端与破绽同样不少。比如说威廉姆斯其实是同意现代政治的制度化本身是一种相对稳定的机制，也就是说他同意现代政治并不只能够是一种永恒的冲突。不过总的说来，这样一种竞争与冲突的政治，促使威廉姆斯与尼采一样转向政治现实主义。并且主张政治本身是一个相对独立的领域，因而可以实现更大的自主性。威廉姆斯的这些提法对于当代政治哲学来说都是不小的挑战，因此也引发了当代的热烈讨论。

威廉姆斯被公认为是 20 世纪后半叶英国哲学界不可小觑之人物。不过威廉姆斯的学问也有他的缺憾。试举两例。当代英国伦理学家 A. W. 摩尔就曾经质疑威廉姆斯的《伦理学与哲学的限度》一书，他在一次学术会议上问威廉姆斯，你的这本书声称是在批评康德道德哲学，但是怎么没见你引用过一段康德的道德哲学文本啊？威廉姆斯笑答，你回去再看一看，其实是有的。等下一次再见面，摩尔仍不依不饶地追问威廉姆斯：我回去看了，确实没有啊。另外一个批评威廉姆斯的就是当代美国著名哲学家普特南。奥斯汀曾经有一句俏皮话，说哲学家"有他们往出说的那一会儿，也有他们往回收的那一会儿"。普特南就引用奥斯汀的这句俏皮话，分别引用威廉姆斯关于"绝对概念"问题的不同文本，说"这里是威廉姆斯往出说的那一会儿"，"而这里又是他把它收回的那一会儿"。

当然了，凡是做理论的人，都难免有被人抓到理论把柄逼到墙角的时候。这种事情也许更适合换上一种说法，我们可以把做学问本身就看成是一种博弈游戏。其本质是要在相互的质疑问难中推进学问增长，因而本来就是治学生活的有机部分。以这样的心态理解威廉姆斯的优点、缺点，以及其他哲学家对于威廉姆斯的善意批评，也许本来就是我们理解威廉姆斯的一个必要角度。没有一种人间的学问本身是真理的唯一代言，我们相互之间都是在以一种真诚的角逐心态逼问对方的学问。不怕互相挤对，就怕迷信一尊。威廉姆斯一生所求，最终指向真诚、真挚与本真。就连他的婚姻变故，也都早已经被人们解读为是一种面向真诚、真挚与本真的具体行为。那么，把游戏（或博弈）看作是我们知识追求的一种本真状态，也许更为对得住我们已经开始有些理解了的威廉姆斯本人。

附 录

年 谱

1929 年 9 月 21 日　伯纳德·阿瑟·欧文·威廉姆斯出生于伦敦东北部艾塞克斯郡一个名叫滨海西崖的海边小镇。父亲是一名测绘工程师，母亲是一名私人助理。

1940 年代早期　在家乡齐格威尔文法中学接受教育。

194 年代中后期　在牛津大学巴利奥学院学习古典学。

1951 年　牛津大学毕业。前往加拿大接受皇家空军训练。

1952 年　获得众灵学院奖学金，成为该学院临时研究员。

1954 年　成为伦敦新学院研究员。

1955 年　与雪莉·布里顿–卡特林结婚。

1958~1959 年　加纳大学访学。

1964 年　伦敦大学贝德福德学院哲学教授。

1967 年　剑桥大学奈特布里奇哲学讲席教授，国王学院的研究员。

1971 年　出版第一本著作《道德：伦理学导论》。

1973 年　出版论文集《自我问题》。与斯马特合写的《功利主义：赞成与反对》一书出版。

1974 年　与前妻离婚，与帕特里夏·斯金纳结婚。

1978 年　出版《笛卡儿：纯粹探究计划》。

1979 年　被推举为国王学院院长。

1981 年　出版论文集《道德运气》。

1985 年　出版专著《伦理学与哲学的限度》。

1986 年　受邀担任加利福尼亚大学伯克利分校哲学系密尔斯讲席访问教

授。后正式加入伯克利分校哲学系。

1988 年　被任命为伯克利分校哲学系梦露·多伊奇（Monroe Deutsch）讲席教授。

1989 年　担任伯克利分校古典系的萨瑟（Sather）讲席教授。发表系列演讲。

1990 年　返回英国。

1991 年　接任牛津大学怀特（White）道德哲学讲席教授。

1993 年　出版《羞耻与必然性》一书。

1995 年　出版论文集《理解人性》。

1996 年　从牛津大学退休。

2002 年　出版专著《真与真实》。

2003 年　在意大利罗马度假时因心脏病发作去世。

2005 年　普林斯顿大学出版社出版了经后人整理的威廉姆斯政治哲学论文集《泰初有为》。

2006 年　普林斯顿大学出版社出版了经后人整理的威廉姆斯另外两本论文集《作为一门人文学科的哲学》和《过去的意义：哲学史论文集》。耶鲁大学出版社出版了经后人整理的威廉姆斯评论集《论歌剧》。

2014 年　普林斯顿大学出版了经后人整理的威廉姆斯《论说与评论集：1959—2002》。

主要著作

1. Williams B. (1972), *Morality: An Introduction to Ethics*（《道德：伦理学导论》），Harper & Row.

2. Williams B. (1973), *Utilitarianism: for and against*, Cambridge University Press.（《功利主义：赞成与反对》，牟斌译，中国社会科学出版社，1992 年。）

3. Williams B. (1973), *Problems of the self: Philosophical Papers*（《自我问题：哲学论文集》），Cambridge University Press.

4. Williams B.（1978）, *Descartes: The Project of Pure Enquiry*（《笛卡儿：纯粹探究计划》）, Penguin Press.

5. Williams B.（1981）, *Moral Luck*, Cambridge University Press.（《道德运气》, 徐向东译, 上海译文出版社, 2007 年。）

6. Williams B.（1985）, *Ethics and the Limits of Philosophy*（《伦理学与哲学的局限》）, Harvard University Press.

7. Williams B.（1993）, *Shame and Necessity*（《羞耻与必然性)》, University of California Press.

8. Williams B.（1995）, *Making Sense of Humanity*（《理解人性》）, Cambridge University Press.

9. Williams B.（2002）, *Truth & Truthfulness*（《真与真实》）, Princeton University Press.

10. Williams B.（2005）, *In the Beginning was the Deed*（《泰初有为》）, Princeton University Press.

11. Williams B.（2006）, *Philosophy as a Humanistic Discipline*（《作为一门人文学科的哲学》）, Princeton University Press.

12. Williams B.（2006）, *The Sense of the Past: Essays in the History of Philosophy*（《过去的意义：哲学史论文集》）, Princeton University Press.

13. Williams B.（2006）, *On Opera*（《论歌剧》）, Yale University Press.

14. Williams B.（2014）, *Essays and Reviews: 1959-2002*（《论说与评论集：1959—2002》）, Princeton University Press.

参考书目

1. J. E. J. Altham, Ross Harrison. *World, Mind, and Ethics: Essays on the Ethical Philosophy of Bernard Williams*. Cambridge University Press. 1995.

2. B. Williams, Seminar with Bernard Williams, *Ethical Perspectives* 6, 1999.

3. Alan Thomased, *Bernard Williams*. Cambridge University Press, 2007.

4. Callcut, Daniel. *Reading Bernard Williams*. Routledge, 2008.

5. Alex, Voorhoeve. *Conversations on Ethics*, Oxford University Press, 2009.

6. Ulrike, Heuer. *Luck, Value, and Commitment: Themes From the Ethics of Bernard Williams*, Oxford University Press, 2012.